谨以此书献给中山大学一百周年华诞

（1924 — 2024）

屋檐下往事

中山大学档案馆　编

黄小安　编著

中山大學出版社
SUN YAT-SEN UNIVERSITY PRESS
·广州·

图书在版编目（CIP）数据

屋檐下往事 / 中山大学档案馆编；黄小安编著 . —广州：中山大学出版社，2023.12
ISBN 978-7-306-07897-1

Ⅰ. ①屋⋯　Ⅱ. ①中⋯　②黄⋯　Ⅲ. ①中山大学 — 校史 — 史料　Ⅳ. ① G649.286.51

中国国家版本馆 CIP 数据核字 (2023) 第 167524 号

WUYAN XIA WANGSHI

出　版　人：王天琪
策划编辑：李海东
责任编辑：李海东
封面设计：广州术木文化传播有限公司　曾斌
装帧设计：广州术木文化传播有限公司　曾斌
责任校对：周明恩
责任技编：靳晓虹
出版发行：中山大学出版社
电　　话：编辑部 020-84111997，84110283，84113349
　　　　　发行部 020-84111998，84111981，84111160
地　　址：广州市新港西路 135 号
邮　　编：5120275　传　真：020-84036565
网　　址：http://www.zsup.com.cn E-mail：zdcbs@mail.sysu.edu.cn
印　刷　者：佛山市浩文彩色印刷有限公司
规　　格：787mm×1092mm　1/12　20.5 印张　300 千字
版次印次：2023 年 12 月第 1 版　2023 年 12 月第 1 次印刷
定　　价：128.00 元

前　言

习近平总书记说："在历史长河中，中华民族形成了伟大民族精神和优秀传统文化，这是中华民族生生不息、长盛不衰的文化基因，也是实现中华民族伟大复兴的精神力量，要结合新的实际发扬光大。"①

党的十八大以来，习近平总书记高度重视高等教育事业发展，多次强调立德树人这个根本任务，指出只有培养出一流人才的高校，才能够成为世界一流大学。立德树人作为检验学校一切工作的根本标准，须内化到校园文化建设等方方面面，发挥出其真实的成效。如何培养人、培养什么样的人，如何在教育与教学的过程中落实立德树人的方针、如何利用与传承中大的文化精神，是值得我们关注与思考的问题。

中山大学自建校伊始，至今已近百年。在百年发展过程中，形成了独特的校园文化精神。弘扬中大的文化精神，助力学校以立德树人为宗旨，对不忘以"为党育人，为国育才"为初心使命，亮明心怀"国之大者"的中大底色，有着重要的意义。秉持这一要义，在学校近百年的办学过程中，众多的文人学者和大师，薪火相传，为之付出心血。在这一众大师中，黄际遇教授则是能令人为之肃敬的教授之一。

黄际遇，字任初，号畴盦，1885 年出生于广东澄海，是我国最早东渡日本留学并主攻数学的几位知名学者之一，也是我国开创现代高等数学教育的一面旗帜。他学成归国后，受教育部委派赴欧美国家考察教育并研究数学，后又获美国芝加哥大学硕士学位。他先后供职于中山大学、河南大学和山东大学等名校，担任过教授、系主任、院长、校长等职。逾三十年的任职及教学生涯，其三入中山大学，于 1936 年重返广州后，便一直执鞭任教于中山大学，直至 1945 年仙逝。

黄际遇教授学贯中西，文理兼通，尤其精通数学和文学。在被委以重任的工作中，均为所在高校作出了开创性的贡献；特别是数学攻关方面的精湛造诣，填补了国内不少空白。"博学鸿才真奇士，高风亮节一完人"是老舍先生为悼念黄际遇教授而作的一副挽联，这副挽联对黄际遇教授一生的崇高风范和横溢才华，特别是对他献身学术、尽瘁教育的非凡成就，作了高度赞誉。然而，就是这么一位世范人师，在大数据时代的今天，他的故事及精神却是鲜有人知。

黄际遇教授在其教学生涯中，反复强调高校教育的目的是使学生养成研究及创造的精神，于教师则要求他们授课前要充分备课，细思教者为何、教之为何、何为教之三件事；并且反对教师在授课之时只重述课本讲义的机械教学方式。他的这些育人理念，在当时，无疑是先进的，是具有开创性的；于现在，也是高校所力倡推崇的。同时，在时局动荡期间，无论是身在石牌，还是在坪石，黄际遇教授仍弦歌未辍，坚守岗位，精力充沛地为文、理、工学院的学生授课，毫无倦意。

在急功近利、紧张浮躁的今天，黄际遇教授当为我们学习的典范。虽然不是每人都能像他一样文理兼通，能企及他的学术成就，但其思想和精神可成为我们的榜样。近年来，我校为提高人才培养质量，始终坚持"治水创优"，并不断打造"金课"，培育"名师"，这样的人才培养体系与黄际遇教授当年的育人理念不谋而合，他的治学方向就是活生生的教材。依托黄际遇教授等老一辈中大人的文化资源，挖掘和弘扬他们这些先进的育人理念和精神，不仅有利于落实"治水创优"的重要工作，也有利于营造"学在中大、追求卓越"的优良校风和学风；同样能赋予这些文化资源新的生命力，让师生能在这些优秀的文化及深厚的底蕴中受到滋养，为学校的发展提供不竭的精神动力，也是落实学校人才培养理念的现实要求。

今天，中山大学已经形成"三校区五校园"统筹发展的办学布局，校园的基础设施建设和办学条件得到更进一步改善，"文理医工农艺"融合发展的学科格局亦在进一步巩固。校园文化是一个学校的灵魂，作为中大学子，值今日勇立潮头的中大，更需要从多方面聆听中大，记录中大，了解中大。于此，大学校园文化建设理应发挥其应有的作用。多少年来，莘莘学子怀揣梦想走进历史底蕴厚重的康乐园，身处红墙绿瓦，了解那一幢幢红楼的故事，了解学校的前世今生，与百年校园共成长，向教者习真理，浸润了中大历史的养分，在走出康乐园，踏足社会，报效祖国、实现梦想时，回望学校的一砖一瓦，一草一木，必会勾起他们在草长莺飞的日子里激昂文字的回忆，必当留恋这个让他们自由放飞梦想的地方。《屋檐下往事》一书，正是促进学子萌发爱校情怀的"引子"。那一幅幅精美的红楼照片，以新奇的拍摄角度，让流连忘返于校园的师生校友激起心中的涟漪，去找寻光辉的足迹、重拾昨日的记忆；而资深校友们在照片上所书的墨宝题词，就让人感受到了身居海内外，生活于五湖四海的前辈们，对母校不变的情怀。他们在瓦当屋檐下的往事被生动讲述，他们对母校、老师和同学刻骨铭心的回忆被深情流露，这未尝不是一种塑造中大校园文化的方式，未尝不是中大校园文化建设凝聚中大精神的真实写照。

接受校园环境所展现的符号内涵熏陶是重要的，被优秀的文化精神润泽同样如此。传承学校的文化，不能只了解她是何年何月何日由何人创建，亦不能只是感叹于学校建筑物的宏伟壮丽，还要尽可能地去了解那些满怀振兴中华之理想，毕生埋首耕耘、弦歌不辍的老一辈中大人的故事，用心去感受他们肩负国家与民族希望，步履蹒跚，不惧艰险、勇往直前的人生轨迹和历史担当。黄际遇教授虽然离开我们已有半个多世纪，但是，他留在中山大学的治学思想和精神，他传道授业、筚路蓝缕一生无时无刻不在探索的教育理念，已然成为学校宝贵的精神文化财富。其中的珍贵价值，不止是它的历史作用，更重要的是它在当下依然能带给我们思考、滋养我们的精神，并为我们所用。

《屋檐下往事》全书分为两部分，前半部分是黄际遇教授的后人黄小安女士，运用摄影的新视角，将中大不同历史时期校址的红楼建筑的瓦当照片，配以一众知名校友等的寄语题字，让阅读者在鉴赏之余，激发对校史及学校名师的追溯愿望。后半部分则是她对其祖父黄际遇教授所写日记的解读及回忆文章集录，少部分内容是她对其父亲黄家教教授和母亲龙婉芸老师的回忆。该书的编撰，除为怀念黄际遇教授，也是为阅读者提供一次了解学校历史文化、老一辈中大人及其生活方式和治学态度，学习先辈思想和精神以及鉴赏红楼的绝好机会。书的后半部分，基于黄际遇教授生前所写的部分日记，再添上其后人饱含真情的解读、叙事和回忆，阅读这些朴实的文字，黄际遇教授那些丰富多彩、热血传奇的人生片段，如电影的情节一般，一帧帧慢慢地播出，其形象也生动立体地缓缓浮现，仿佛是新老中大人的心灵交流和感应。重温这些历史记忆，既可以看到他殚精竭虑、刻苦攻关数学的科研之路，也能感受其作为精通文学的数学元老的学者风范；既能领略其为振兴中华一点一滴默默奉献的精神，也能体会其在山河破碎时期始终贯穿着的忧国忧民的家国情怀；既会感动于其真挚感人的日常交友之情，也会敬佩其擅长书法和棋艺的博彩众长……如徐徐展开画卷般去了解这位博学鸿儒，虽然会遗憾于了解他的故事颇迟，但也不免会感到很荣幸，并且受益匪浅。这种感触，不是疾风骤雨似的灌输，而是润物细无声般传递，潜移默化中将中山大学的文化精神装在心中，将始终是中大精神底色的家国情怀一直延续。

利用档案史料，传颂百年历史中的人民学者精神，让中大的学子全方位充分了解校史文化精神的精髓，是助力学校实现以立德树人为根本，"为党育人，为国育才"人才培养目标的最直接体现。

中山大学档案馆

2023 年 8 月 29 日

注释：
① 习近平总书记 2020 年 9 月 28 日在十九届中央政治局第二十三次集体学习时的讲话。

自　序
一个中大子弟的"乡愁"

我的祖父黄际遇（字任初，1885—1945 年），是我国最早留学日本主攻数学的几位学者之一，后又获得美国芝加哥大学科学硕士学位。自 1910 年于日本东京高等师范学校毕业后，30 余年的教学生涯中辗转大江南北，起步于天津直隶高等工业学堂（1910—1914 年）、武汉大学（1915—1925 年），两进河南大学（1924—1926 年，1928—1930 年），又进国立山东大学（含国立青岛大学）（1930—1936 年），1926—1945 年间三入中山大学（1922 年从美国回来后，曾一度在中山大学的前身广东高等师范学校），祖父在中山大学的时间为最长。他学贯中西，文理皆通，被认为是"20 世纪初在中国开创现代高等数学教育事业的元老之一"。然而，1945 年 10 月，抗战中迁播粤北的中山大学（下简称"中大"）师生们，正期待回到越秀山下把酒话八年离乱，而祖父却在 21 日集体返程的水路上意外去世。

祖父随后的几代人中，不乏在中大黉舍的子孙，如我的父母、叔父、姑父、堂兄、舅舅……而我无缘，算不上真正意义的中大人，尽管 20 世纪 80 年代也拿到那所"没有围墙的学校——中大中文刊授中心"的毕业证书。因父母数十年服务于中大，中大于我而言可谓仅是家属之缘。成年后的数十年间，忙于工作、家庭，常回康乐园（现中大南校园）的缘由就是与父母的相互牵挂。直到十几年前为退休生活作打算时，目光落在了祖父遗留的数十册日记上。为了解读日记中的密码，翻阅资料之余，就是重走中大校园。首选当是听说得多、造访得少的中大旧址（现华南理工大学、华南农业大学校园）；再者是熟悉的康乐园，虽土生土长，却从未关注过它的前世今生。这时候或带着问题的观看，或毫无目的的闲游，行走上万步，有时更甚，均无厌烦之感。好几次朋友的约会，都主动要求在校园的咖啡馆或餐厅，其实是想找机会多浏览校园的小小私心作祟。

翻阅由中大档案馆编著（2016 年出版）的《红楼叠影——中山大学近代建筑的人文解读》，此书按学校历史沿革分为三个篇章：一是文明路、中山路校址；二是石牌校址；三是康乐园校址。书中脉络清晰，从人文的角度解读建筑，格局大，方式很当代，阅之获益。细想，我作为家属，其实与中大一直是缘未了。

博济医院与红楼

母亲悉心地保存了我的出生证，上面盖着四方红色的"广州市人民政府卫生局生命统计章"，记载了我的出生地点为博济医院。那是 1953 年，与博济医学堂成立时的 1866 年相距了 87 年。因为孙中山先生的人生轨迹及其对近现代中国的影响等，博济医学堂被视为追溯中山大学历史的起点。原博济医院所在位置是现中大孙逸仙纪念医院所处的广州沿江西路，博济医院石柱现立于中山二路中大中山医学院内的医学博物馆旁。记得小时候乘坐公交车经过中山医学院南门，都会看一眼立在楼顶直指天空的绿色塔尖，以及塔尖下红色的三层圆形角楼，感觉这个也被称为红楼的房子如童话般的世界，幻想是天使出入的地方。母亲告诉我，外婆曾在圆形房子里读书，按时间推算，应该是就读于广东公医学堂，而我大姐就是外婆亲自接生的。外婆的父亲为了考验她是否适合学医，曾带她到医院的太平间测试胆量。

博济医院亦是我的起点，人生路线如同中山大学发展的轨迹，亦在广州城画出一个圈。

钟 楼

祖父在 1937 年 11 月 6 日的日记中记载："讲文学于旧校址，予壬戌、丁卯两度假馆于此，今为附属中学，昔年之贡院也。铜驼屡徙，颜驷三朝，过此踟蹰，感能于予心哉。"

旧校址指位于文明路的中大旧址。壬戌即 1922 年，那年祖父从美国留学回来，曾一度在清代广东贡院所在地教书，此时距中山大学校徽主体图案钟楼落成的时间（1907 年）已经过去 15 年。学校的名称从"两广速成师范馆""两广优级师范学堂"，至 1912 年更名为"广东高等师范学校"，完成了从旧学的贡院到新学的师范学校的更替。

丁卯即 1927 年，祖父再度执鞭于此，此时的钟楼已从 1924 年成立的国立广东大学办公楼，成为国立中山大学的标志性建筑。钟楼居高临下，簇拥在周边的文化气息弥漫至今，校舍、图书馆、书店、字画装裱店、文具店、文物店、展览厅等，依旧是广州人心目中的文化地标。1936 年初，祖父第二次返回中山大学，他常阅市于钟楼附近的学府街、龙藏街、学宫街，"旧街阅市，搜猎破书"。

文明路的钟楼，2020 年 10 月。陈靖文摄

王则柯学长（中山大学岭南学院教授、博导）把从小学到大学的经历塞进他的著作——《我的学生时代》。"小学"的开篇中说："我曾经就读的应该是同一所'中大附小'，却先后辗转广州五个不同的地方。"其中关于文明路中大附

小时期的就有四篇短文。学姐周显元（曾任职于中大图书馆），他们三兄妹都出生在钟楼旁的北斋，也许是在北斋门前玩耍时额前留下隐约的疤痕，钟楼下的童年故事深深"磕"入脑中，以至数十年后还能述说文明路西堂、北斋、平山堂的桩桩往事。1952年底，她家搬入康乐园，与我们家成为九家村邻居。我们虽同为中大附小的校友，而我对于文明路旧址，仅有一点的记忆，就是父亲领着学龄前的我，从河南到河北（广州人将珠江两岸称为河南、河北）给他的恩师方孝岳先生（中大中文系教授）拜年，那时方公公一家还住在文明路旧址，后来也搬到河南来了。看惯了康乐园的大钟楼，原来这里也有大钟楼呀！

假馆与移馆

馆，旧时指教学的地方，如蒙馆，指对儿童进行启蒙教育的私塾；如坐馆，指担任塾师；假馆即借用馆舍。《孟子·告子下》："交得见于邹君，可以假馆，愿留而受业于门。"祖父日记常有"假馆""移馆"之说。如上文，"予壬戌、丁卯两度假馆于此"，即祖父两度任教于此地。

查阅资料，发现也有将中大石牌的老建筑称为某某馆的。例如：物理天文数学教室称物理天文数学馆，农林化学教室称农林化学馆，生物地质地理教室称为生物地质地理馆，等等。1935年11月，这批宏大的馆舍落成，暨行十一周年纪念大典，国立中山大学"通电全国征募文篇"。当时祖父在青岛的国立山东大学坐馆，受校长赵太侔的委托撰写了颂辞，"佳楮飞翰，航空申祝"。1930年祖父从河南大学移馆青岛，六年后的1936年2月13日，祖父"一别诸友，言欢拳拳"，离开青岛移馆广州，返回他曾经执鞭的国立中山大学。那时文学院在文明路老校区上课，而理学院、工学院在石牌新校区上课，祖父是乘校车两边坐馆。

中大校徽的主体图案是文明路的钟楼，那么曾经出现在录取通知书、学校停车证等证书上的"中大瓦当"图出自哪里呢？近些年尽管我常游走新旧校园，跟着祖父的日记，刷馆于石牌中大旧址，却从未抬头拜访各馆屋檐上的瓦当。直到2013年，女儿参与一项关于1911—1949年广州城市建设书籍的编辑工作，来到中大石牌旧址实地调研时，从QQ发来了中大瓦当特写照片。此刻我心境豁然开朗：蓦然回首，这群经典建筑最经典之处，竟然是它那用以装饰美化和遮护建筑物檐头的建筑附件——瓦当。其由中山大学或中大文字组成的符号性图案，也许就是一个唤醒数代人共同记忆的链接处。于是，我便开始端起长焦镜头一片接一片地数起瓦当来。无意中，为此书的集结按下了回车键，开始留意屋檐下的故事。此时距祖父三度假馆于中大已过去了77年。

登堂入屋

　　我们四姊妹，三个是1952年全国高校大调整之前降生在石牌中大旧址的，只有我是在搬到康乐园之后出生的。土生土长的我对康乐园中的大道、小路几乎胸有成竹，但什么堂呀屋呀，这些岭南大学时期留下的建筑名字仅仅是有一种模糊概念。因为那时大都不再延续过去的称谓，大的建筑一般以使用机构名称来命名为某某楼，如化学楼、物理楼等；小的建筑就直接说某某人的家。既然我扫描了石牌旧址的中大瓦当，何不趁此补补课？2019年底至2020年初的新冠疫情期间，学校停课，校园静悄悄的，正是拜访老建筑的好时机。复印放大的"中山大学校园建筑物编号图"，按号索堂索屋，将康乐园中那些房顶上的岭南瓦当拍下来，重温那些登堂入屋的经历，虽不是刻骨铭心，于自己也是绝无仅有的。

　　格兰堂亦称大钟楼，是学校的行政办公楼，按规矩是不能随便进出的地方，但就有那么一次，我却进入了庄严且神秘的格兰堂。20世纪六七十年代之交，父母在"五七干校"期间，在"牛栏"中劳动改造的父亲不知何故，让我到学校财务科帮其"出粮"（粤语，意为领工资）。当时还是小孩子的我觉得格兰堂正面的楼梯很高，似乎直顶着上面的大钟。我战战兢兢地从旁边进去，却遇到好些熟悉、和蔼的面孔，还被叮咛了一番，出来后就赶紧到储蓄所存钱。

　　怀士堂又称小礼堂，相对去得比较多，因为地下室有乒乓球台，还有公厕，不过我也有登顶的记录。20世纪60年代中期，全民皆兵，中大附小射击队很是风光，常参加市里的民兵射击表演。我虽非正式队员，却也蹭了一些练习与比赛的机会。因为感觉新鲜、神圣，自然就留下较深印象：放学后与同学们到小礼堂顶楼的校武装部领取枪支，大多为七九步枪，来迟了只有三八枪。然后趴在小礼堂前的大草坪三点成一线地练习瞄准，场面中以大学生为主，少量的小学生。

　　老建筑的价值受诸多因素影响，如设计者、捐赠者、居住者等。在岭南大学留下的众多屋中，白德理屋并不起眼。它体量小且建筑样式简单，也没有学校重量级的人物居住过，更没有题名者。但在20世纪五六十年代的中大附小学生的心中，它却有着特殊的地位，因为那里曾住过一位值得学生及家长们都十分尊敬的李崇敬老师（其先生是生物系教授吴印禅，先后担任过中山大学植物研究所所长、中山大学副教务长）。嘴馋的学生惦记着门前的几株樱桃树，补习的学生忘不了老师的不厌其烦。李老师身体不太好，同学们都记得我是扶她回家最多的。中大附小60级校友在编辑《康乐六龄》过程中，一幅自绘群体记忆地图中将白德理屋标记为李崇敬老师故居的举动在微信群中受捧，将近8000字怀念李老师的微信留言也刊发在书中。如今，许多学生还记得李老师当年给自己所说的简单却影响一生的话语。

　　余光中的一首《乡愁》萦绕海峡两岸。中大附小校友近年相继推出了《中大童缘》《康乐六龄》《拾光留影记康园》，在堂与屋间开心玩耍及各种运动留下的心灵烙印，也许便是那个时代在校园土生土长的孩子们独有的一种"乡愁"，一直萦绕在海内外附小校友心头。

　　澄海，我的家乡，仅能从祖父辈的日记或言谈举止中体会；祖父加上父母亲两代人与中大之缘，潜移默化间形成的故乡般的印记，随着时间的推移，成了子孙们挥之不去的"乡愁"，不知不觉中，他乡已变故乡。反复游走校园，拍摄中大瓦当、岭南瓦当，发现那些隐藏在"活态博物馆"中的细节；诚邀各个时期的中大人馈赠墨宝，寄托对母校的情怀；梳理祖父的日记，搜寻屋檐下的往事，以解"乡愁"。

黄小安

2020 年 3 月 6 日

1955 年，两岁的黄小安趴在惺亭的地上玩耍

2015 年 2 月，中大附小 66 届校友在惺亭手牵手合影，图片正上方偏左为黄小安。陈靖文摄

目 录

壹

（校园瓦当）

壹 ——

（校园瓦当）

中大瓦当

中大瓦当

2013 年，也是开始拍摄中大瓦当的头一年。有一天与好友杨子来到华工的建筑红楼旁，我在抬头用心地观看，她在低头用心地找寻。突然传来一声惊呼，她在地上捡到了一片中大瓦当。瓦当正面图案的色釉虽只剩三分之二，残缺不堪，我们却如获至宝。后来她帮忙将后面损坏的半截瓦筒锯掉，配上装饰架，现如今被陈放在书架上。其实在维修建筑时，这些旧瓦当不知被扔掉了多少，还有人告诉我在市郊有个地方被以一百元一个出售，但我没有去实地看过。我非藏家，收藏这个瓦当，只是留下作个纪念罢了。

之后我发现了一种现象：当中大瓦当的图呈现在人们的眼前，他们几乎都有想看看整栋建筑，甚至整个建筑群的愿望。在我请那些与中大有缘的人士给瓦当图题字时，有人提议出集子时一定要附上整栋建筑的图样，也有人在题字前竟然到中大石牌旧址徘徊好几回，亦有人花费时间回忆起个人求学经历来重温这段历史……所以我才有了"其由中山大学或中大文字组成的符号性图案，也许就是一个唤醒数代人共同记忆的链接处"的惊叹。不管他们是怎样与中大结缘，每个观者心中都有属于自己的那片中大瓦当。

母亲是二零后，1943 年抗战期间走进中大，边求学边逃难，从粤北坪石到粤东梅县。1945 年抗战胜利时回到广州石牌，她第一次踏进广州校园时，校内却是满目疮痍。因校方来不及安排，只能由学生们自主找地方临时安顿。学生在恢弘的建筑中找到的房间只剩门框，而且房间之间都被砸开大洞，地上还有日本兵击剑用的头盔等物品。学校给学生每人发了一张小木凳和一块木板后，就开始复课了。

邹鲁的儿子邹达先生是三零后，他不曾想到以石牌旧址的中大老建筑为题材的油画与中大瓦当图片，今日会成册付梓，其父亲当年办校之艰辛，祖国现在之繁荣昌盛，令远在美国的他感慨地为《中大瓦当》写下"小引"。

张桂光先生是四零后，有天一早我打开微信，看到他零时发来了题字样本，以个人求学经历串起了中大三易其址："世人但知中大之名，却未必知中大在穗之三易其址。余庚子乙巳间有幸就读坐落于文明路中大旧址之广东省实验中学而得知其一；乙巳负笈华师，见石牌中大牌坊而得知其二；戊午入中大从容师希白商师锡永习古文字而得知其三。顷小安女史持所摄中大瓦当组照见示，方知今日分属华工华农之民国建筑群，全是中大旧物。"

2013 年捡到的那片瓦当

在央视"百家讲坛"上讲授唐诗宋词的六零后彭玉平先生，在中大瓦当图上题写了南北朝时期诗人谢灵运的《山居赋》："夫道可重，故物为轻；理宜存，故事斯忘。"谢灵运以孙承祖爵，袭封康乐公，故世称谢康乐。据史书记载，如今的康乐园与这位山水诗鼻祖有关。

在中大毕业后留校任教的八零后田炜先生写道："华工、华农皆从中大而出，又据石牌旧址，故多中大旧迹。中大、华工、华农一脉，中山先生手书校训'博学、审问、慎思、明辨、笃行'，以及邹鲁校长书于中大牌坊之'忠孝、仁爱、信义、和平'等精神亦当为诸校师生所共守。"

这些年一边不断地拍摄中大瓦当，一边与父辈的同行们、自己的新老朋友们交流，倾听他们讲述屋檐下的往事，一边看着老建筑的翻新修缮。老瓦当因风化破损无奈地退出或将退出属于它的舞台，不过建筑都不存在时人们还有幸在博物馆见到它的身影。新瓦当逐个有所担当地闪亮登场，新旧瓦当交替轮换，寓意着人类历史的变迁。我将这些难以用新旧来判断颜值的瓦当图片发到微信朋友圈时，附上了一句话："有人曾说建筑开始是人类的杰作，之后就是大自然的杰作。"身处华农的朋友回了我的帖子："现在轮到摄影师的杰作了。"物是人非也好，人是物非也罢，瓦当虽不会像桃符那样年年更换，但片片瓦当就像页页白纸，历史就这样塞满它们以及它们之间的缝隙，待人们从各自的领域去发现、去回忆、去领略。

随着这些图片的传播，大量信息的反馈，使我知道不仅是我曾经不了解中大瓦当的存在，就是在瓦当之下念过几年书的华工、华农学子，以及手捧录取通知书的中大学子，很多都不知道这片瓦当到底在哪里了。因为历史的更迭，中大早已在1952年全国高等院校调整时，从石牌搬到原岭南大学现中大南校园的康乐园，现在屋顶上的是"岭南"瓦当。

2017年春，执掌中大二十年的许崇清校长的儿子、曾任中大学报编辑部主任、八十五高龄的许锡挥教授，看到我的瓦当图片时，亲笔题下了："屋檐下故人往事知多少"。一位中大校友看到瓦当图片后，在微信朋友圈留言：每一片瓦当上都刻着中大两字，就像打在心上的鼓点，很多写满温馨记忆的旧建筑若荡然无存了，以后我们也只能在摄影师们的镜头里寻找这些经典，寻找关于母校的记忆了……

注：本篇以齿为序，题字作者的介绍仅以与中山大学的关系为主。

中大瓦当印章
伍学文篆刻

《中大瓦当》小引

欣悉《中大瓦当》将付梓，有感往事，略书数语，以为小引。

念先君海滨先生承命予一九二四年筹办广东大学，与黄埔军校并称"文武"二校，作为训练干部之所。及总理逝世，遂改名中山大学。先君当时政途失意，遂专心办学，以创立高等学府为鹄的，惨淡经营，其艰难非一言能尽矣。曾言："为了筹款，除了没有叫人爸爸和向人叩头外，可说一切都已做到。"足见当时虽有政府指令，但其筹办过程实可谓艰苦卓绝，超出一般人之想象。即使处于当时经费无着的困境，在设计石碑校舍蓝图时，先君仍要求具有中国传统风格，以为百年之计。百年之后，中山大学发扬光大，雄蟊岭南，所谓失之东隅，收之桑榆者也。石牌校园保留了创校之初的建筑风格，其楼阁之美，碑石砖瓦图案艺术之精，堪称中国名校中之翘楚。

瓦当之学乾嘉以来即有传承，而近代学者之研究则以罗振玉《秦汉瓦当文字》为尚。之所以云秦汉者，迨以石碑文字盛行之前，瓦当和官印文字为研究秦汉史事的最佳文物资料。其著名者如"羽阳""蕲年""上林""长乐未央"等瓦当广为人知，多出自古代宫苑旧址，如上林即为汉武帝时之名苑。它们不仅是秦汉文物制度之承载，更是后代书法篆刻家之珍爱。"中大"文字瓦当的设计，一览便知与"上林"瓦当类似。而中大创建者思古之幽情，传承文化之精神，尽在不言之中，也为后人所敬仰。今时贤好学且及乎艺，一若欧洲文艺复兴时代，乃有《中大瓦当》之集与《红墙碧瓦蔚国光》之作，皆以中山大学建筑为素材，文艺情趣盎然，民气充沛，一片兴隆之象，此国运其将盛焉！

邹　达

2018 年 3 月 27 日

于美国新泽西州家

注：

1、邹达为中山大学第一任校长邹鲁（字海滨）之子。

2、《红墙碧瓦蔚国光》指《红墙碧瓦蔚国光——民国中山大学石牌校区建筑风景油画集》，作者曹讃。

国立中山大学新校舍落成颂辞

黄际遇

11 月 6 日（十月十一日，丙戌）

卯三刻，四十三度，晴丽。夜初见是月上弦，遥想天上清寒曷胜。

广州中山大学以十一月十一日迁石牌新校舍，行十一周〔年〕纪念大典。所费一千万，占地四千亩。通电全国征募文篇。太侔嘱代大学致词，佳楮飞翰，航空申祝。援笔为颂，曰：

雒绎艳电奉悉。

南华国学，落成有期；总理宏规，式昭今日。辟雍声教，冠冕万邦；丰表翼巍，仪型多士。曰儒以道，得民之化；诸生以时，习礼其间。上以绍夏校、殷序、周庠，炳焉与三代同风。今复睹成均、东序、瞽宗，隐然立頖宫极则。（周五大学，南为成均，北为上庠，东为东序，西为瞽宗，中则辟雍也。见《白虎通》）昔少陵广厦，徒具雅怀；汉宫长秋，非庇寒畯。兹者郁郁相望，彬彬相属。训深十年之徼，人树百年之基。粲乎隐隐，各得其所。益州比于齐鲁，沐文翁石室之遗；内史政被鄱阳，传虞溥学堂之教。（虞溥，晋昌邑人，字允源。少专心坟籍，郡察孝廉，为鄱阳内史，大修庠序）史册所载，今昔同符。考常衮、昌黎之宦辙，至今犹称；（常衮，唐京兆人，天宝进士，贬潮州刺史，为福建观察使。始闽人未知学，衮为设乡校教导之，自是文风始盛）挹白沙、九江之流风，其人宛在。化行南国，莘莘三千之徒；运际昌期，芊芊十一之典。

谨缀咏仁蹈德之颂，以达下舞上歌之情尔。

摘自黄际遇《不其山馆日记》第二册。1935 年 11 月 6 日，黄际遇时任国立山东大学文理学院院长，受校长赵太侔委托撰写颂辞。

十一月六日十一日丙戌　昳三刻四十三度　姓韶夜初見是月上弦　遙想天上清寒晶艦

廣州中山大學在十一月十一日遷右牌新校舍行十一週紀念大典所費一千萬占地四千

畝通電全國徵募文篇太伴辨代大學致詞佳楷飛翰航空申祝援筆為頌當

雜繹鹽需奉巻南華國學成有期總理宏規式昭今日辟雍教菱冠冕方。

鄴豐表翼巍儀荆多士曰儒品道得民之化諸生以時習神其間上己紹夏校殷

庠周庠炳焉与三代同風今復觀成均東序督宗隋然立頖宮楅則周立天學岩為成

東序西為督宗中剛皆少陵廣夏徒具雅懷漢宮長秋非庶寮畯兹者郁郁相望斌

辟雍也見白虎通　廣澤晉昌邑人宇兆源少惠心墻韜郡察孝廣為郁陽的史天修庠序

斌相曆剝溲十年之傲人樹百年之墓莫乎隱二各得其所孟州比于齊魯沐文

翁石室之遺內史政被郡陽博廣嶼學堂之教　潮州刺史房福建巡察使姶闓

史冊所戴今昔同符考常袞昌勳之官輒至今猶稱常袞唐東的人天寶進士服

人未知學袁奉設鄉校　把白沙九江之流風其人究在化行南國莘莘三千之徒運際

教導之自是文風姶盛

昌期莘莘十一之興謙綴詠仁蹈德之頌匕達長舞上歌之情爾

9

理学院物理数学天文学教室

理学院生物地质地理教室

法学院大楼

农学院农学馆

农学院农林化学馆

体育馆

土木工程系教室

文学院大楼

工学院机械电气工程教室

石坊钟亭

"五座宿舍"之一

工学院化学工程教室

校园瓦当·中大瓦当

一九四七年与黄家教 毕业于此

九十三岁老妪 试婉芸

原国立中山大学文学院大楼，现为华南理工大学 5 号楼
1935 年落成
2014 年 1 月拍摄

◎ 龙婉芸（我的母亲），生于 1923 年。与我的父亲黄家教同为中山大学文学院语言学系第一届毕业生（1947 年）

中大 革命传统发扬光大
校友情谊代代相传

49届校友黄建树
"爱协"成立五·卅一"学生运动七十周年
2017.5.31.

原国立中山大学理学院化学教室，现为华南理工大学
7号楼
1935年落成
2013年12月拍摄

◎ 黄建树，生于1924年。1949年毕业于中山大学理学院数学
　天文学系。中科院广州分院离休干部。1947年参加了中山
　大学"五卅一"反饥饿反内战爱国学生运动

校园瓦当·中大瓦当

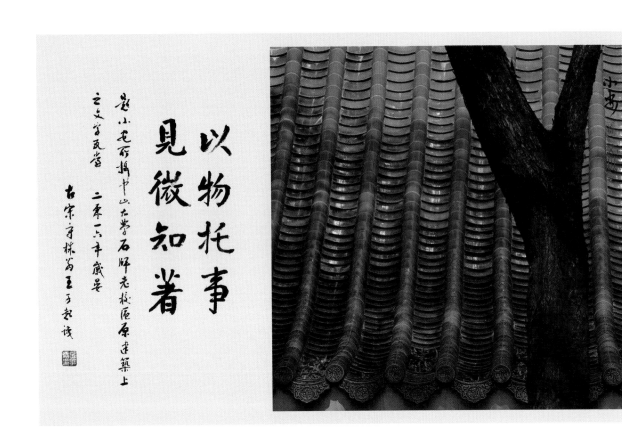

以物托事 見微知著

题小毛旧所摄中山大学石牌老校區原来築上
之文字瓦当
二零一六年岁暮
古宋子楸為王子超谨

原国立中山大学工学院化学工程教室，现为华南理工大学 6 号楼（建筑红楼）
1934 年落成
2015 年 7 月拍摄

◎ 王子超，生于 1930 年。1958 年毕业于中山大学中文系，并留校任教。后返回家乡，曾是河南省文史馆馆员

廣州石牌原中山大學文學院宮殿式文樓，屋簷裝飾華麗，瓦上可見中山大學字樣。

詹伯慧識於丙申歲末，時年八十有六

原国立中山大学文学院大楼，现为华南理工大学 5 号楼
1935 年落成
2014 年 1 月拍摄

◎ 詹伯慧，生于 1931 年。1953 年毕业于中山大学文学院语言学系。暨南大学教授，曾任文学院院长

千間廣廈擁丘岡
學子莘莘盡捐狂
從此潛修欣得所
切磋磨琢好文章

先父籌建中山大學石暉校舍落成之際賦詩誌慶今錄其一

戊戌初春
鄒達恭書

原国立中山大学文学院大楼，现为华南理工大学 5 号楼
1935 年落成
2013 年 10 拍摄

◎ 邹达，生于 1932 年。中山大学第一任校长邹鲁的儿子，现居美国新泽西州。图片中"文学院"三字为邹鲁所题

屋檐下
故人往
事知多
少

重见石牌校园景物有感

二○一七年春日于中大蒲园

许锡挥

原国立中山大学理学院物理数学天文教室，现为华南农业大学 4 号楼
1935 年落成
2015 年 7 月拍摄

◎ 许锡挥，生于 1932 年。中山大学校长许崇清第五子。1951 年就读于中山大学经济系，1952 年随全国高等院校调整到了武汉中南财经学院，于北京大学研究生毕业后返回中山大学，曾任学报编辑部主任等职

南天一柱元翠竹青
杜鹃花发长记惺亭

黄天骥题

黄小安

原国立中山大学工学院土木工程教室，现为华南理工大学9号楼
1934年落成
2016年5月拍摄

◎ 黄天骥，生于1935年。1956年毕业于中山大学中文系，留校任教。中文系教授、博士生导师。曾任中文系主任，研究生院常务副院长

此霭是廣州石牌老中大建築群中原數學天文學系所在地。屋頂有威猛的綠釉鴟吻，形象威猛獰吐。黄際遇先生當年就在這裡辦公。

丙申冬日 曾憲通

原国立中山大学理学院物理数学天文教室，现为华南农业大学 4 号楼
1935 年落成
2015 年 7 月拍摄

◎ 曾宪通，生于 1935 年。1959 年毕业于中山大学中文系。中山大学中文系教授，曾任中山大学人文学院院长

此乃藏龍
臥虎之地

曾揚華
丁酉春日

原国立中山大学体育馆，现前半部为华南理工大学办
公用房，后半部为小型礼堂
1937 年落成
2014 年 1 月拍摄

◎ 曾扬华，生于 1935 年。1959 年毕业于中山大学中文系，
留校任教，中山大学中文系教授

瓦當映綠蔭
身藏百樣錦
學子請留步
細聽風雲殼

二〇一七年一月金欽俊書

原国立中山大学法学院大楼，现为华南理工大学 12 号楼

1935 年落成

2016 年 5 月拍摄

◎ 金钦俊，生于 1935 年。1959 年毕业于中山大学中文系，留校任教，中山大学中文系教授

石牌這優美的建築群
隱藏着中大的瓦當
沒有古拙的紋飾
赤並非寓意奧秘吉祥
此簡樸地燒鑄中大二字
以示此乃紀念國父的大學堂
攝影師穿越時光隧道
查探祖父那時授課的地方
偶爾還發現釜媽求學當年
中大瓦當忠就地迤迤送往
曾在那邊曨月光
黙黙地記下歷史滄桑
觀小安攝中大瓦當照偶感
二零一七年元旦
於江南新苑陳汝彬

原国立中山大学理学院物理数学天文教室，现为华南农业大学 4 号楼
1935 年落成
2016 年 11 月拍摄

◎ 陈颂声，生于 1935 年。1965 年毕业于中山大学中文系，留校任教。曾任中山大学校报主编、中文系副主任

原国立中山大学体育馆，现前半部为华南理工大学办公用房，后半部为小型礼堂

1937 年落成

2015 年 7 月拍摄

◎ 吴国钦，生于 1938 年。1961 年毕业于中山大学中文系，1965 年研究生毕业后留校任教，中山大学中文系教授

芳草萋萋
春鼠辟筆
層樓鷹守
淥水羊筆

张振林 题

原国立中山大学文学院大楼，现为华南理工大学 5 号楼
1935 年落成
2014 年 1 月拍摄

◎ 张振林，生于 1939 年。1961 年毕业于中山大学中文系，1965 年研究生毕业后留校任教，中山大学中文系教授

中大源流遠久
明蔚初光石牌
新篁立中大耀
光芒红墙映绿
瓦史迹见瓦
当康栗园中
大岭南景
辉煌

黄小安雅展题
中大瓦当赵福坛

原国立中山大学文学院大楼，现为华南理工大学 5 号楼

1935 年落成

2015 年 7 月拍摄

◎ 赵福坛，生于 1940 年。1965 年毕业于中山大学中文系，广州大学教授，《广州师院学报》主编

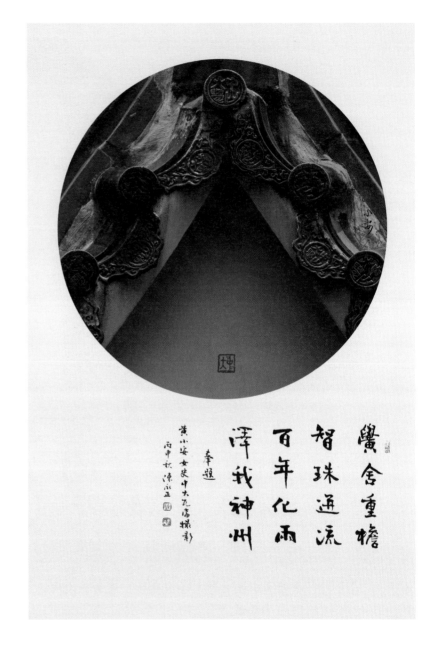

黌舍重檐
智珠逆流
百年化雨
泽我神州

奉题

黄小安女史中大瓦富摄影
丙申秋 陈永正

原国立中山大学工学院机械电气工程教室，现为
华南理工大学 8 号楼
1934 年落成
2015 年 7 月拍摄

◎ 陈永正，生于 1941 年。1962 年毕业于华南师范大学中文系，
　1981 年中山大学中文系研究生毕业后留校任教，研究员，
　曾任中山大学中国古文献研究所副主任

如日中天

黄光武书

原国立中山大学理学院生物地质地理教室，现为华南农业大学5号楼
建于1934年
2013年12月拍摄

◎ 黄光武，生于1942年。1969年毕业于中山大学中文系，后任教于中山大学中文系

藍縷蓽路　啟迪山林　寸山村盡　化金樹木　樹人蕪蘷　穀規模遠　託百年心

鄒魯校長為連校篝執四寰奔　勞形神文庫校　舍蔭成賦詩句　厱讀令人哂　慨弟分

丁酉林雅杰

原国立中山大学法学院大楼，现为华南理工大学 12 号楼
1935 年落成
2015 年 7 月拍摄

◎ 林雅杰，生于 1943 年。1967 年毕业于中山大学历史系，1981 年返校任教，1989 年调入省政协，
　曾任文史办公室主任、广东省政协副秘书长

瓦當憶昔伴鐘鳴

碧綠瓦當前鐘鳴校苑天芸窗勤課讀
篤學早成賢報國心懷遠康強月夢圓
歸寧泯苦翠春志勵年年
丁酉春日古桂高並書

原国立中山大学法学院大楼，现为华南理工大学 12 号楼
1935 年落成

◎ 古桂高，生于 1943 年。1967 年毕业于中山大学哲学系，广东外语外贸大学教授

百年豹变
母校珍遗

奉题中大氏旧摄影

丁酉夏刘斯奋 [印]

原国立中山大学法学院大楼，现为华南理工大学 12 号楼

1935 年落成

2015 年 7 月拍摄

◎ 刘斯奋，生于 1944 年。1967 年毕业于中山大学中文系。曾任广东省文联主席、广东画院院长

門牆巍峨

一九六二年入中山大學中文系，一九六五年秋從黄家教老習方言學，並扑中山韻，查爾方言蒙益良多，謹志不忘

唐鈺明於康樂園
二零一七年二月十六日

原国立中山大学工学院化学工程教室，现为华南理工大学 6 号楼（建筑红楼）
1934 年落成
2013 年 12 月拍摄

◎ 唐钰明，生于 1944 年。1967 年毕业于中山大学中文系，1981 年中山大学中文系研究生
毕业后留校任教，中文系教授，曾任中山大学人文学院副院长

原国立中山大学法学院大楼，现为华南理工大学 12 号楼

1935 年落成

2016 年 5 月拍摄

◎ 陈焕良，生于 1944 年。1969 年毕业于中山大学中文系后留校任教，中山大学中文系教授，曾任古代汉语教研室主任

缘聚中大
情钟花岗

敬题小安士摄影 安下奇女子

丙申年腊月于康乐园 陈焕良

纹样圖案
中大崇正
廊橋滴潤
免思允情
慶延於垂
稟富積貞
沉思田緬
鬢府尊榮
雲山露冷
珠水月朗
有鶴與飛
蒼榕共鳴

奉題

黃小安女史
中大九屆攝影
壬寅冬月
珠齋陳繼光

原国立中山大学文学院大楼，现为华南理工大学 5 号楼
1935 年落成
2020 年 10 月拍摄

◎ 陈继光，生于 1944 年，1969 年毕业于中山大学中文系。广州市真光学校（原广州市第
九中学）荣休校长

秦漢遺風 石牌尋真

逸仙精神 康樂承傳

題中大瓦當之攝影

丁酉夏日吳錦潤 書

原国立中山大学农学院农学馆，现为华南农业大学 3 号楼
1933 年落成
2015 年 7 月拍摄

◎ 吴锦润，生于 1944 年，1969 年毕业于中山大学中文系，后任教于中山大学中文系

釉光幽幽，数十年风雨倒日洗练；
丛根缕缕，只知顽强延伸；
这里沁有中大的精气神；
这里刻着历史的年轮。

辛卯夏
施其生题

黄小安

原国立中山大学理学院物理数学天文教室西南方的石坊钟亭，现位于华南农业大学 4 号楼附近
1934 年落成
2013 年 12 月拍摄

◎ 施其生，生于 1944 年。1967 年毕业于中山大学中文系，1979 年考入中山大学攻读硕士学位，毕业后留校任教，中文系教授

小時候在中大石牌居住
掏過鳥窩燒過蜂巢
童年趣事盡在瓦當
丁酉清明 王則楚書

原国立中山大学"五座宿舍"之一，现为华南理工大学建筑设计研究院用地

建于1933—1934年间

2015年7月拍摄

◎ 王则楚，生于1945年。2岁时随父母来到广州，毕业于北京大学数学系。其父王季思是中山大学中文系教授。如其兄王则柯所说的，就读过文明路校区、石牌校区、康乐园中的五所"中大附小"

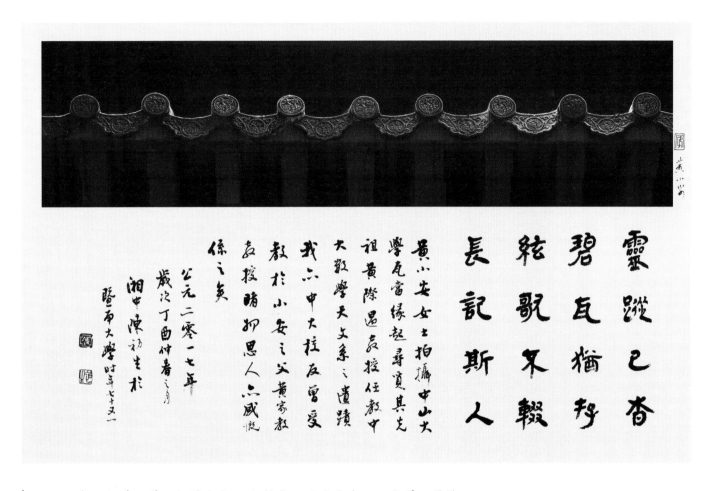

靈蹤已杳
碧瓦猶招
絃歌不輟
長記斯人

黃小安女士拍攝中山大
學瓦當緣起尋資其先
祖黃隆遇袁教授任教中
大既學天文系之遺蹟
我六中大柱反曾受
教於小安之父黃家教
友授睹物抑思人六感
係之矣

公元二零一七年
歲次丁酉仲春之月
湘中陳初生於
暨南大學時年七十又一

原国立中山大学工学院机械电气工程教室，现为华南理工大学 8 号楼
1934 年落成
2015 年 7 月拍摄

◎ 陈初生，生于 1946 年。1969 年毕业于武汉大学中文系，1981 年中山大学中文系研究生毕业，
暨南大学中文系教授，曾任古汉语教研室主任

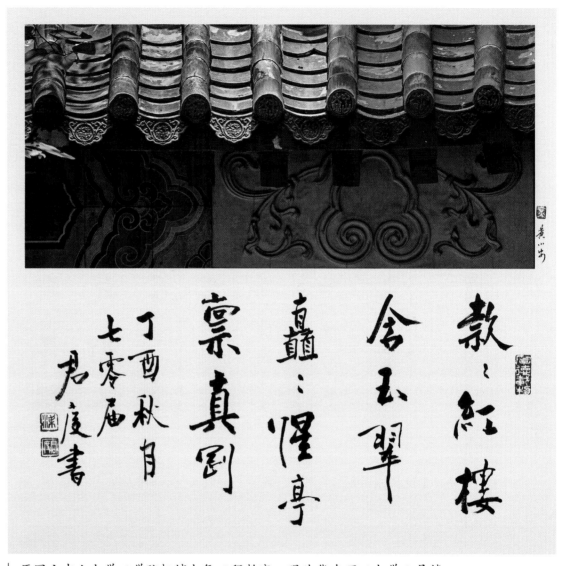

原国立中山大学工学院机械电气工程教室，现为华南理工大学 8 号楼
1934 年落成
2015 年 7 月拍摄

◎ 梁君度，生于 1946 年。1970 年毕业于中山大学数学力学系，香港中国书画会副会长

原国立中山大学理学院生物地质地理教室，现为华南农业大学 5 号楼
建于 1934 年
2013 年 11 月拍摄

◎ 师飚（师少麟），生于 1946 年。1965 年考入中山大学中文系，后任教于中山大学中文系

照片上的瓦当造型，有称之为「双龙出海」者，有称为「鱼化龙」者。摄影者为黄小安。

小安祖父黄际遇，中山大学天文系主任；父亲黄家教，中文系语言学教授，母亲龙婉芸，亦是中文系职工。对中大一种与生俱来的情感，令小安将镜头对准了旧中大之建筑瓦当。看着照片，不由升起对母校的尊崇感。

夫子云「虽小道，亦有可观者也。」我敬佩黄小安的立精神，也认同「在校园里直接成长为对国家社会有大用的高级人才」也即照片「鱼化龙」的诠释。

中山大学中文系七〇届生·师少麟
丁于二〇二〇年九月十三日

瓦当中大文脉岭南

岭南卢延光

黄小安

丁酉年春月

原国立中山大学理学院生物地质地理教室，现为华南农业大学 5 号楼

建于 1934 年

2013 年 11 月拍摄

◎ 卢延光，生于 1948 年。曾任广州市美术家协会主席。其外祖父许崇清曾三任中山大学校长

原国立中山大学理学院物理数学天文学
教室，现为华南农业大学 4 号楼

建于 1935 年

2015 年月拍摄

◎ 张桂光，生于 1948 年。1981 年中山大学中
文系研究生毕业，华南师范大学中文系教授

長大瓦當

世人但知中大之名而未必知中大在穗之
三易其址余庚子乙巳間嘗肄讀奎廬
於文明路中大舊址之廣東省實驗中學
而得知其一乙巳負笈華師見石牌中大
牌坊而得知其二戊午入中大澄寰師希
白齒師錫永視古文字而得知其三項
小安如史於所攝中大瓦省組照見示
方知今日分居華工華農之民國建築
摹主是中大舊物

丁酉仲冬 張桂光於葵暉閣

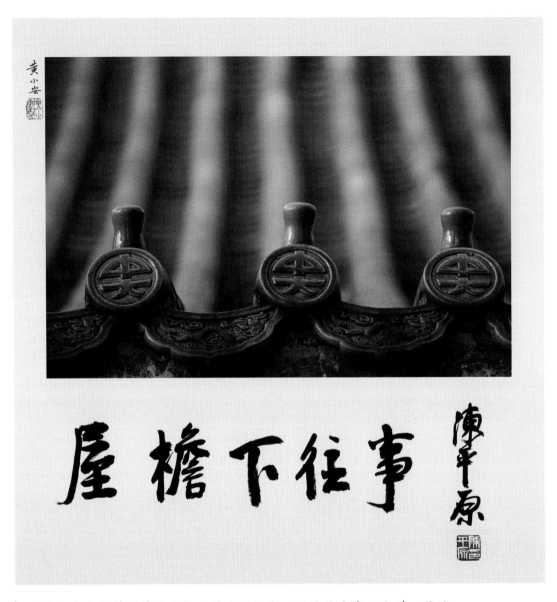

原国立中山大学理学院生物地质地理教室，现为华南农业大学 5 号楼

建于 1934 年

2013 年 12 月拍摄

◎ 陈平原，生于 1954 年。1982 年获中山大学文学学士学位，1984 年获中山大学文学硕士学位，1987 年获北京大学文学博士学位。北京大学中文系教授，曾任中文系主任

当年绿檐下，恩师教诲犹绕耳畔
今日瓦图里，中大故事均在眼前

赏家教郎文公子黄小安中大瓦当摄影佳作有感
陈小枫於二零一八年仲秋敬书於中山大学康乐园

原国立中山大学农学院农林化学馆，现为华南农业大学2号楼

建于1934年

2017年4月拍摄

◎ 陈小枫，生于1956年。1982年毕业于中山大学中文系，1985年研究生毕业后留校，任教于中山大学中文系

屋檐水點：滴

滴：無差池

此潮州話諺

語謂家風學

風如屋檐滴

水上傳下承

也中山大學

也是這樣

代代相傳也

中山大學
中文系七八級
林倫倫敬書

原国立中山大学法学院大楼，现为华南理工大学 12 号楼
1935 年落成
2016 年 11 月拍摄

◎ 林伦伦，生于 1957 年。1978 年考入中山大学中文系，曾任汕头大学副校长、广东技术师范
学院副校长

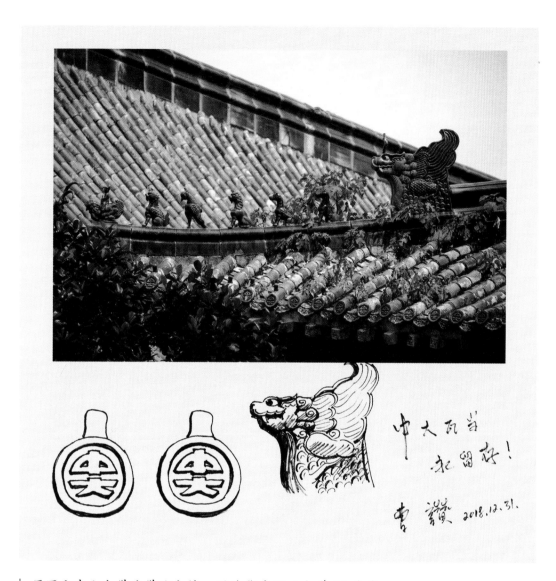

原国立中山大学法学院大楼，现为华南理工大学 12 号楼

1935 年落成

2015 年 7 月拍摄

◎ 曹讚，生于 1957 年。绘制并出版了《文明昔采：清代广东贡院　民国中山大学建筑风景
油画集》（2011 年）、《红墙碧瓦蔚国光：民国中山大学石牌校区建筑风景油画集》（2014
年）、《澄江坪石　山高水长：抗日战争时期中山大学建筑风景油画集》（2016 年）、《康
乐绿叶掩红楼：中山大学南校区历史建筑风景油画集》（2018 年）

原国立中山大学法学院大楼，现为华南理
工大学 12 号楼
1935 年落成
2015 年 7 月拍摄

◎ 杨权，生于 1958 年。2005 年获中山大学历史学
博士学位，曾任中山大学出版社总编辑，中山
大学中文系教授

黟峯唇中大瓦當
細雨連綿
經流門拱飛簷落
瓦當斑駁
紋飾依稀昨
疏影西牆
映照癡心作
東窗覺
小安同學
青史凌煙閣

李葳詞
丁酉秋月 求木四六學
張曉彤書之

原国立中山大学理学院生物地质地理教室，现为华南农业大学 5 号楼

建于 1934 年

2015 年 8 月拍摄

◎ 张晓彤，生于 1961 年。原中山大学教育发展基金会项目部部长

◎ 词作者李葳，李济深外孙，第十一、十二届全国政协常委。母亲李筱菊，1953 年开始任教于
中山大学外语系，1970 年调广州外国语学院。李葳与本书作者为中山大学附属小学同学

敬題家老公主攝影作品

漢唐韻致
嶺海風華

丁酉壬辰 陳偉武

黃小瑞

原国立中山大学"五座宿舍"之一，现为华南理工大学建筑设计研究院用地
建于 1933—1934 年间
2015 年 7 月拍摄

◎ 陈伟武，生于 1962 年。1979 年考入中山大学中文系，1986 年研究生毕业后留校，1994 年获中山大学博士学位，中山大学中文系教授

夫道可重
故物為輕
理宜存故
事斯志

謝靈運語
丙申季月江
南詞客彭玉平
書於月樓

原国立中山大学理学院生物地质地理教室，现为华南农业大学 5 号楼
建于 1934 年
2013 年 11 月拍摄

◎ 彭玉平，生于 1964 年。1995 年毕业于复旦大学，获文学博士学位，中山大学中文系教授，现任中文系主任

校园瓦当·中大瓦当

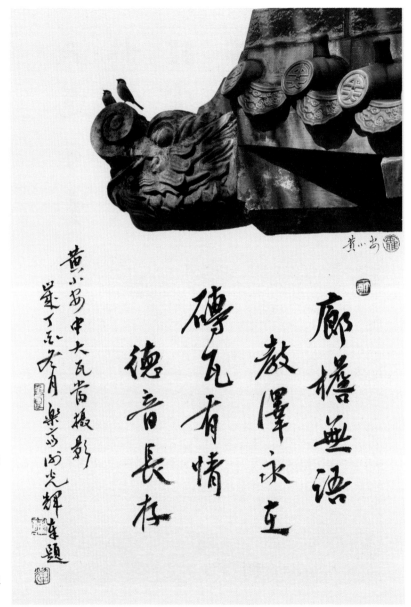

原国立中山大学理学院生物地质地理教室，现为华南农业大学 5 号楼

建于 1934 年

2013 年 12 月拍摄

◎ 谢光辉，生于 1964 年。1985 年毕业于中山大学人类学系，1988 年获中山大学中文系硕士学位，暨南大学艺术学院教授

廊檐无语
教泽永立
砖瓦有情
德音长存

黄小安中大瓦当摄影

岁丁亥六月 乐山谢光辉并题

片瓦能知春興秋
滴溜風雨任悠悠
勝朝爭戰興亡嘆
昭代經綸新舊愁
康樂園中滄海夢
珠江岸上吉雲浮
如今拍攝成圖畫
宛見房檐鳥唧啾

李題
黄小安女士□□攝影丁酉鐘東

黄小安

原国立中山大学理学院生物地质地理教室，现为华南农业大学 5 号楼

建于 1934 年

2015 年 8 月拍摄

◎ 钟东，生于 1964 年。1999 年获中山大学文学博士学位，中山大学中文系副教授

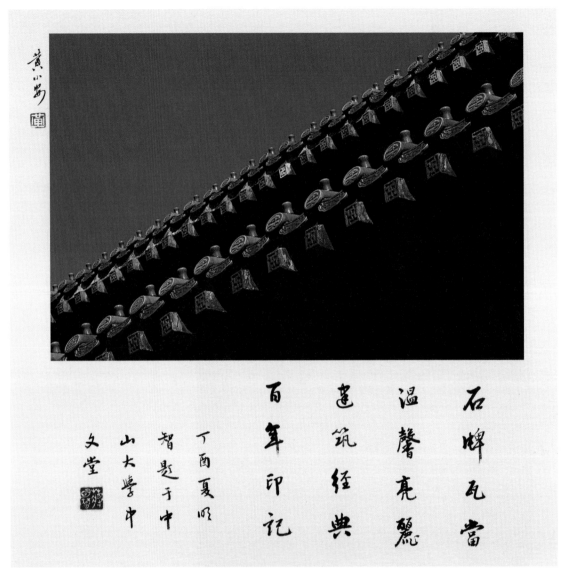

石牌瓦当
温馨亮丽
建筑经典
百年印记

丁酉夏明
智题于中
山大学中
文堂

原国立中山大学理学院生物地质地理教室，现为华南农业大学 5 号楼
建于 1934 年
2013 年 11 月拍摄

◎ 蒋明智，生于 1966 年。先后就读于广西民族大学、华中师范大学和中山大学，2002 年获中山大学文学博士学位，中山大学中文系教授

烽火粤北傳薪

嶺南文脈

學者雲集研石

大師風度

以史為鑒觀照

當之教育

鄉土中國重建

文化行心

電视译石先生导演
闻迷与八寿先生必共
庚子夏八二

黄小弍

原国立中山大学理学院物理数学天文学教室，现为华南农业大学 4 号楼
建于 1935 年
2015 年 8 月拍摄

◎ 甘小二，生于 1970 年。华南师范大学美术学院副教授，电影《坪石先生》导演
注：电影《坪石先生》是讲述在抗战烽火中，在粤北坪石坚持办学，延续岭南文脉的中山大学学者风
度的故事片。

校园瓦当·中大瓦当

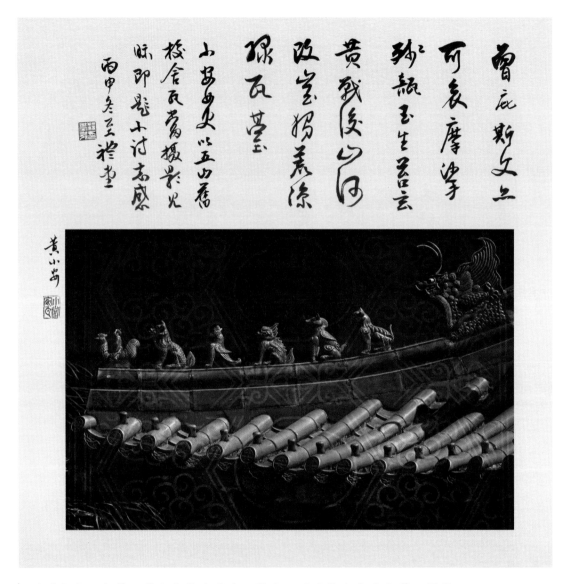

原国立中山大学理学院生物地质地理教室，现为华南农业大学 5 号楼

建于 1934 年

2013 年 12 月拍摄

◎ 梁基永，生于 1973 年。2013 年于中山大学中文系古文献专业博士毕业，广东文献研究者、专栏作家等

百年宇望

二零一八年春

陈斯鹏

原国立中山大学法学院大楼，现为华南理工大学 12 号楼
1935 年落成
2015 年 7 月拍摄

◎ 陈斯鹏，生于 1977 年。1996 年考入中山大学中文系，2005 年获博士学位，中山大学中文系教授

风雨剥蚀了你的空颜
藏目雕饰了你的风姿
在时光之流里
我们相遇
那是一朝相见
使玉再含羞的幸保
保瓦下幻博理
聽你细講述
前鹿往事
山高水長根深蒂茂
我是大海裡
那一朵浪的花
陈英群 题

原国立中山大学理学院生物地质地理教室，现为华南农业大学 5 号楼
建于 1934 年
2013 年 12 月拍摄

◎ 陈英群，生于 1978 年。2001 年毕业于中山大学中文系，2005 年获硕士学位后留校工作，现供职于中山大学教务部

华工兼华农，从中大而生又授石牌旧址，故为中大、华农、中大美工兼华农一脉，中山先生手书校训博学审问慎思明辨笃行以及邹鲁校长先于中大牌坊之忠孝仁爱信义和平，播动八寓为传校师生心守

丙申小寒，田炜书

原国立中山大学法学院大楼，现为华南理工大学 12 号楼

1935 落成

2015 年 7 月拍摄

◎ 田炜，生于 1980 年。2003 年毕业于中山大学中文系，2008 年获文学博士学位，中山大学中文系教授

岭南瓦当

岭南瓦当

　　头顶岭南瓦当的建筑，有的与中大石牌旧址的建筑同期，但更多的是比石牌校址的更早。如马丁堂，是岭南大学迁入康乐园后的第一座永久性建筑，康乐园此前仅有木板屋两栋。马丁堂于1905年动工，次年落成，与中山大学搬入康乐园的时间相隔了47年，1952年距今已过70年，相加超过110年。岭南瓦当之所以排在第二部分，源于它是中山大学继文明路校园、石牌校园后的第三时期的校园。其实岭南大学时期的建筑瓦当只是一种统称，并非只有"岭南"的字样，还有其它的纹样。

　　因为各种原因我一直无心拍摄岭南瓦当，直到2019年下半年，翻看中大瓦当与《屋檐下往事》的文献时，拍摄念头突然涌出，朋友的鼓动更添加动力。且在2019年底至2020年初的新冠疫情期间，我有十多天住在静悄悄的康乐园陪伴母亲。天天戴着口罩打卡式地到各堂各屋拜访，中山大学校园建筑物编号图被我用荧光笔画满了标记。

　　去年修缮后的模范村离家最近，新的岭南瓦当触手可及，手机都能零距离拍摄，但每天只是路过，没想过要拿起镜头拍摄这些瓦当。也许与当年的小伙伴们同感，如今校园的整齐划一，缺少了以往的趣味。一天，我用几乎为600mm的镜头从十友堂后面回看模范村时，茂密的树丛中露出两个小小的烟囱，直觉烟囱上的瓦当会暗藏惊喜。靠近、再靠近，长焦距镜头放大下的岭南瓦当细节显著，令人忽感时光倒退一般。将两幅烟囱上的瓦当图与屋檐上最新的瓦当图拼接，色彩与瑕疵、造型与笔画……各种力量的雕琢，仿佛是一种时空的遗物，图片的背后是岁月的留痕。隐性的"活态博物馆"展品如此精彩，用镜头收藏下来，愿日后还能相见。

岭南瓦当

我再次尝试退一步地观看。模范村道路直通位于校园中轴线的孙中山先生铜像，透过铜像基座看刚刚修缮后的怀士堂，似乎因透过窗格观看，人为地将所见分割再聚合。屋檐下一列的岭南瓦当，正门上方的拱券中镶嵌着以1907年落成的钟楼为主体图案的圆形校徽，加上1982年中山大学中文系教授商承祚书写的"怀士堂"题字，叠加的信息在时空中穿越。上面那组瓦当，用三个具有时代特征的画面组合展示时空；而怀士堂这幅图便在一个画面中容纳了不同的时间段。怀士堂落成于1917年，至今100多年间，多少事情在此发生。大到1923年孙中山先生在此发表演讲，小到上世纪50年代初家庭妇女在此上扫盲识字班。大小事是历史长河中的大小浪花，瓦当也仅是构成建筑整体中的某个局部，因而我所拍摄的瓦当照片，亦仅是我所想到的岭南瓦当。

中山大学怀士堂（小礼堂）　2020年2月20日摄

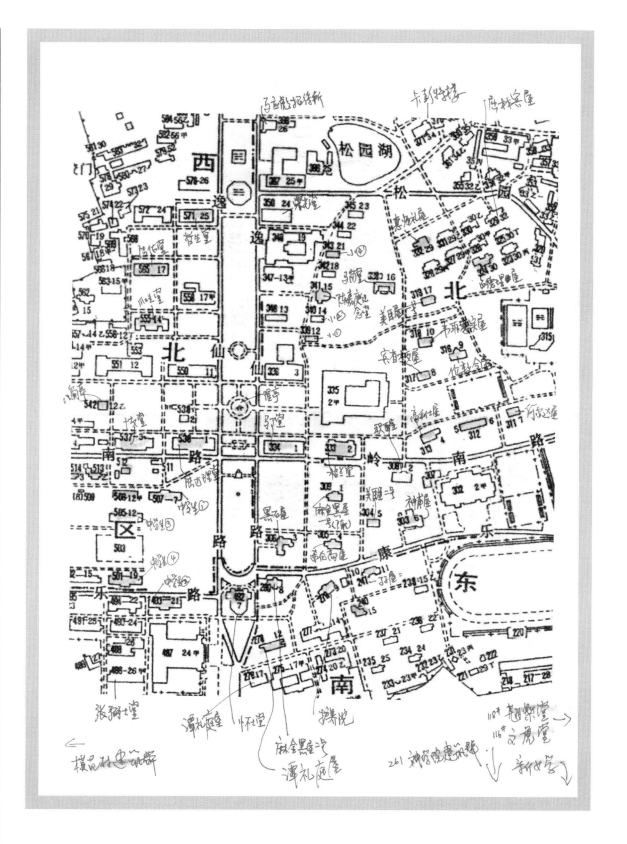

堂类建筑

怀士堂

西南区 492 号，中山大学小礼堂

1917 年落成

格兰堂

东北区 333 号，曾长期用作学校行政办公大楼（又称大钟楼），现一楼
设有中山大学校史陈列厅

1916 年落成

马丁堂

东北区 334 号，现为中山大学人类学系办公用房，也是中山大学人类学博物馆的所在地
1906 年落成

陆达理堂

西北区 536 号，较长时间内为中山大学化学与化学
工程学院办公用房

1928 年落成

张弼士堂

西南区 486 号，现为中山大学社会学与
人类学学院、总务部等机构办公用房

1921 年落成

十友堂

西北区 537 号，现为中山大学物理学院用房
1929 年落成

陆祐堂

西北区 565 号，现为中山大学物理学院用房

1931 年落成

哲生堂

西北区 571 号，现为中山大学物理学院用房

1931 年落成

爪哇堂

西北区 555 号，现为中山大学物理学院用房

建于 1920 年

文虎堂

园东区 118 号，现为中山大学研究生宿舍

1933 年落成

翘燊堂

园东区 116 号，现为中山大学研究生宿舍

1933 年落成

马岗堂

东北区 388 号，现为中山大学民主党派、统战团体办公室等机构用房

1935 年始建，次年 3 月启用

屋类建筑

黑石屋

东北区 306 号，现为中山大学贵宾楼

1914 年落成

谭礼庭屋

东南区 278 号，现为中山大学体育科学研究所等机构办公用房
1925 年落成

麻金墨屋二号

东南区 280 号，现为中山大学工会委员会等机构办公用房
1913 年落成

校园瓦当·岭南瓦当

希伦高屋

东北区 305 号，现为中山大学人文高等研究院、博雅学院等机构办公用房

1911 年落成

孖屋二

东南区 241 号，陈心陶故居，现为博雅学院及
中山大学华南农村研究中心
1920 年落成

神甫屋

东北区 303 号，现为中山大学保卫处等机构办公用房

1947 年落成

麻金墨屋一号

东北区 309 号，陈寅恪故居

1911 年落成

美臣屋二号

东北区 304 号，陈耀真毛文书故居，现为中山大学廉政与治理研究中心

1920 年落成

高利士屋

东北区 313 号
1913 年落成

白德理屋

东北区 324 号，现为中山大
学博物馆（校史馆）用房
1927 年落成

何尔达屋

东北区 311 号，现为中山大学学报编辑部

1921 年落成

韦耶孝实屋

东北区 318 号，现为中山大学季风与环境研究中心

1916 年落成

美臣屋一号

东北区 319 号，陈序经故居

1918 年建成

惠师礼屋

东北区 332 号，现为中山大学中国区域协调发展
与乡村建设研究院使用

1924 年落成

伦敦会屋

东北区 316 号

1916 年落成

八号住宅

东南区 240 号，现为博雅学院等办公用房
1929 年落成，建筑风格与模范村建筑相似

孖屋一

东北区 312 号
1919 年落成

积臣屋
东北区 308 号
1912 年落成

宾省校屋

东北区 317 号，许崇清故居，现为中山大学历史人
类学研究中心

1920 年落成

屈林宾屋

东北区 329 号，现为中山大学旅游发展与
规划研究中心

1914 年落成

其它建筑

模范村建筑群

西北区 509 号、510 号、513—515 号、517—524 号,原为岭南大学中国教授住宅群,现为中山大学档案馆等机构办公用房

1915 年至 1932 年间先后落成

模范村建筑之一

西北区 517 号,现为中山大学出版社"学人书境"书店

模范村建筑之二
西北区 518 号，现为中山大学教育发展与校友事务办公室、中山大学教育发展基金会用房

模范村建筑之三

西北区 513 号，现为中山大学档案馆

附属小学建筑

东北区 339—346 号，一共八栋楼房加一个方亭

1915 年至 1930 年间先后落成

图为 343 号，现为中山大学出版社

附属小学建筑之陈嘉庚堂

东北区 341 号

附属小学建筑之方亭

神学院建筑

现存建筑三栋，东南区 261 号、265 号、268 号

图为 261 号，现为中国语言文学系用房

神学院建筑

东南区 268 号

110

中学生寄宿舍

共四栋，西南区 493 号，西北区 501 号、505 号、507 号，建于 1910 年至 1916 年

中学第一寄宿舍

西北区 507 号，现为政治与公共事务管理学院办公楼

1910 年落成

中学第二寄宿舍

西南区 493 号，现为中山大学研究生院

1911 年落成

中学第三寄宿舍

西北区 505 号，现为中山大学法学院
1912 年落成

中学第四寄宿舍

西北区 501 号，现为中山大学社会学与社会
工作系

1916 年落成

惺亭

1928 年落成

广寒宫
东南区 210 号，现为中山大学研究生宿舍
1933 年落成

116

马应彪夫人护养院

东南区 279 号 A，现为中山大学孙逸仙纪念医院南校园门诊部

1919 年落成

八角亭

西北区 542 号

1919 年落成

贰

（屋檐下的往事）

贰 —— （屋檐下的往事）

屋檐下的往事

　　屋檐下，中山大学（岭南大学）的故事我能知多少？确实有限。因为如此，有人建议不要以"屋檐下往事"为题，我心有不甘。一天与中山大学人类学系荣休的邓启耀教授谈及，期望得到启发。他打开电脑，让我看当年岭南大学最早期的木屋照片，照片中有一位外国人站在屋檐下。邓教授随即想起了一句老话："人在屋檐下，不得不低头"，并接着说："一个西方人为什么不远万里来到康乐园？里面大有故事。"我当时的第一反应是："这些我也不熟悉呀！"但我想起了祖父当年与七位同砚于厦门东亚书院的潮州籍同学，联袂由汕头乘船赴日本留学，期间与陈师曾、经亨颐等共同赁屋，同在一个屋檐下成为至交的事。若算上广东高等师范学校（中大前身），祖父则是四进中大执鞭，期间的故事那就太多了。邓教授还说若让他在"中大瓦当"图上题字，就会写"屋檐下是栋梁之才"。

　　拍摄中大瓦当的起因源自为整理祖父遗留的日记，赴青岛之行以及在石牌中大旧址游走，目的是想感受一下日记中提及的景与物。当发现中大瓦当这个符号性图案就是一个唤醒数代人共同记忆的链接处时，又一发不可收拾地拍完中大瓦当后又拍岭南瓦当。回过头来整理祖父日记所带出的屋檐下往事不是顺理成章吗？从"人在屋檐下不得不低头"到"屋檐下是栋梁之才"，不要仅局限在瓦当或建筑物的本身就事论事，故事也未必一定要发生在中山大学的范围内。与邓教授的晤谈，让我思路豁然开朗。

　　祖父黄际遇1903—1910年东渡日本专攻数学，获东京高等师范学校毕业证书，是我国最早以习数学为主科的少数留学生之一。又于1920—1922年游学于美国，获芝加哥大学科学硕士学位。之后，祖父一生都在高校任教，天津直隶高等工业学堂、武昌高等师范学校、广东高等师范学校、中州大学（河南大学）、国立青岛大学（国立山东大学）、国立中山大学都有他的足迹。祖父有写日记的习惯，可惜1925年由开封取道上海，乘船南下广东途中海轮触礁沉没，又遭海盗洗劫，随身的著作、衣物荡然无存。否则，屋檐下的往事能追溯得更早。但现存的43册日记（1932—1945年）内容丰富，梳理点滴已感意味无穷。祖父的日记大多为毛笔楷书，亦不乏篆、行及章草，文字大量使用古体，若因自己的肤浅带来解读上的失误，在此表示歉意，并恳望读者多加指正。

　　祖父有七个儿子，我父亲黄家教排行第三。父母均毕业于中山大学又留任于中山大学，他们的往事也成为屋檐下的往事的续篇。

鸣钲解缆 自崖而反
乘船记事

　　祖父黄际遇，去青岛之前任国立开封中山大学（也称第五中山大学，现河南大学）校长，兼河南省教育厅厅长。1930 年 3 月，中原大战爆发，5 月祖父"罢官河洛"，9 月"移馆青岛大学"。1930 年 9 月 20 日，他出现在国立青岛大学正式成立会议上，时任该校数学系教授兼系主任、理学院院长。1932 年 5 月，国立青岛大学校长杨振声忽辞校长之职，祖父"为代理校务竟月"。1932 年 7 月，国立青岛大学更名为国立山东大学，学校对院系进行调整，将文学院、理学院合并成文理学院，祖父任文理学院院长兼数学系主任。1936 年初，因发生学潮，校长赵太侔离校他往，祖父受校长委托掌校，行使校长职权。祖父从青大到山大的六年间，没有像其他教员一样在校外购房或租房，而是一直住在校园内的第八宿舍，同舍人将此称为"不其山馆"。祖父有写日记的习惯，社会、学校事件及庸常琐碎的日常均有所记载，可惜青岛之前的日记手稿在海难中遭劫失去。之后，祖父在不其山馆写下的《万年山中日记》《不其山馆日记》（共 31 册，今存 27 册），从青大校长杨振声到山大校长赵太侔，从落实经费到学潮风波，从教师星散到延聘教师，从场馆建设到拟定试题等，事无大小均被记录。从 1936 年初返回广州到 1945 年遇难前，又写下《因树山馆日记》（共 16 册，今存 15 册）、《山林之牢日记》（1 册）。日记延续一贯的作风，从抗战时期广州市面的日常，空袭下在文明路、石牌新老校区的文学院、理学院之间的奔波，避难于香港会见的棋友，到北上坪石再次走进中大的逆旅生涯等均被带入日记，让后人得以窥见。

　　南北多所高校的任职，祖父多以水路往来。回忆起在武昌高等师范学校执鞭的十年时，他在 1932 年 10 月 6 日的日记中写到："馆武昌十年，上下长江何啻十次？叩舷击楫，徒寄高怀。"行船走马三分命，以致有人用"把名字写在水上"为题作文纪念他。1936 年 2 月 11 日，农历正月十九日晚上，国立山东大学校长赵太侔来到校园边上的"不其山馆"，"夜来坐至深更而别"。祖父已买好船票离开青岛"移馆"广州，返回他曾经执鞭的国立中山大学。祖父与诸友相识相别，可以说"鸣钲解缆，自崖而反"伴随一生，亦成就了此篇《乘船记事》。

出席天文数学物理讨论会

为了出席 1933 年 4 月初在南京举办的天文数学物理讨论会：

3 月 28 日，祖父"上课后整装待发"。

3 月 29 日，"午饭罢拥衾小憩，舟人鸣钲待发，即驾车赴之，智斋①、仲儿②同来。以刺辞太侔行。舟名'四川'，房厅尚宽裕，舟客仅余一人。闻尚有九客一行者，行李已来，而舟以下午三时行矣。启锚后熟睡至傍晚。食少许，杂阅弈谱，夜分方就寝，停食稍舒。"

3 月 30 日，"晨起顿觉舒适，就房舱中设小几危坐，补书二日来日记，后演微分几何学。……舟人招以弈，上午胜六局负一局。下午再战，首局即负，二、三两局胜，四局和，局势均极紧凑。晚膳颇丰。夜观战而已，为此小道竟感神疲。早寝早醒，舟已泊扬子江口矣。"

3 月 31 日，"晨起料检杂物。阅书自喜，于曲面曲率性质间有所得。午饭后与舟人弈三局二和一胜。过午后启锭入黄浦口。'百无聊赖过零丁，遥睨中原一发青。'我生航海半天下，气象无如此雄特。诵之，以洗积块，呜乎！忍能对面为盗贼，但觉高歌有鬼神。孤客旅行，时有领略不到之况味，此生役役，不知息肩何处耳？"

3 月 31 日下午，祖父抵达上海。晚餐后，连夜乘车往南京，落脚于南京华侨招待所。会议分为三组，祖父与冯祖荀、姜立夫③、郑桐荪④被推选为数学组主席团成员。此次南京之行，除了正式会议外，祖父还被中央大学、金陵大学邀请讲演。出席了教育部公宴，"同席为东主朱部长⑤、段次长（锡朋）、李书华⑥、丁燮林⑦、冯汉叔⑧、吴有训⑨及余凡八人。"他拜访故友经子渊（经亨颐）⑩。"殊子渊已驾车来迓，不见者十有四年，令人追忆少年同学往事，欷歔不禁耳。"

4 月 4 日，"子渊为挥写《竹菊》一帧并跋语云：'任初学长阔别十四年矣！故人澹泊如此画，犹有当年冰川趣味否？'相视乐甚。冰川者，三十年前江户⑪游学时与陈师曾、杨华生、邓瑞馨、范均之、张少涵、朱造五同居之馆舍也。今者陈、杨、邓、范一时俱逝矣！抚今追昔，曷胜邑于。"

4 月 6 日，"午赴方千里、倪尚达⑫、张钰哲⑬之招，路过大石桥十号得晤季刚⑭。互道契阔，各有追感。举杯即尽，坚约晚饭。摒挡一切，应沈刚伯之招后复诣大石桥，则垂三十年不见之汪旭初（东）在焉。季刚赠余诗题云：任初尊兄自青岛来江宁，枉过留饮喜赠：

郢城兵合散萍踪，

江国春深共酒钟。

万事只堪三太息，

八年复得一相从。

等身日录成悻史，（兄著日记每岁得八巨册）

经眼风花换壮容。（兄明年五十，予少一岁）

且订海堙销夏约，

崤夷犹喜是尧封。

共饮只有三人，酒则为五十年陈酒，醇馥无伦。季刚未改当年面目，语弹当道。"

4月7日，祖父"午赴益州饭店，骊仙坐上晤傅孟真⑮，亦自北平来。予指之曰：'古物南迁，君亦在内乎？'孟真必致留余盘桓数日，不然亦必以夜车往申。予则不能应命，但感其意而已。"旅馆"同室者为来自广州中山大学之黄巽⑯、张云⑰二人，均系六年前之同察，张尤为旧门人。"此次南京、上海一行，可谓是旧雨共话一堂。下午三时，祖父抵达南京下关。"陈可忠、赵进义远来相送。车未转动，予已熟睡，展眼常州在望矣，万家灯火，如此江山而已。"夜十一时许抵达上海闸北。

在上海逗留数天后的4月15日，祖父"摒挡行箧，萧然一肩。信人来报：'四川号舱将以午刻行。'……诸亲友送至江干，一声珍重，舟中困睡，鸣钲东下矣。"

4月17日，"晨未破晓，舟已泊小青岛前。"

定计入川出席中国科学年会

1933 年 7 月 26 日，祖父"在校舍清理公私各件，发各函电"，为出席在重庆举办的中国科学年会"定计入川"。他将论文纲领一篇发至总社，已经被列入日程，将在会上演讲。行程需先从青岛到上海的亚尔培路 533 号科学社总办事处报到，然后乘坐内河客轮入川，预计的具体行程如下：

八月四日 上海招商局北栈码头上民生实业公司专轮

五日 清晨自上海出发

六日 上午八时到南京泊特一区二码头改美最时囤船

八日 下午五时到宜昌泊川江公司码头

十三日 下午二时到万县泊陈家坝

十五日 下午三时到重庆 大菜间半价一百二十二元五角

会议结束，祖父还准备去成都，时任国立山东大学中文系教授游国恩告知：《华阳国志》及《蜀典》可为入川参考。祖父想起在武昌执鞭十年都未曾实现西行计划，这回终于万事俱备了。当年"成都高等学堂以月薪二百两约往教习算学，为亲老未敢应聘。今兹不行，此生难有入川之望矣。"

7 月 28 日，祖父向校长赵太侔告假"并面陈各公务"。诸友"话别移时，四时登绥阳轮，六时启锭"前往上海。

7 月 29 日，在舟中渡渤海。

7 月 30 日，晨六时到达浦西。"有约不来，旋复尔尔"，傍晚才得知"入川舱位不可得"，连头等舱的"大菜间并官舱易不可得"，只好"电青报知"。西行再次落空，祖父"忽然游兴顿改，变计南归。"

7 月 31 日，"夜仍登绥阳轮，舟人欢迓"，"竟夕守舟，不克以寐。天方曙，舟人鸣钲发歇浦。"

8 月 1 日，"早睡至辰尽。起看扬子江头，宽宕亘百里。过午抵宁波港小北门，潮人呼为乌龟门。

船长得报，谓有飓风自南来，鹿鹿下锚，停舟待时矣。"

8 月 2 日，"泊宁波界，有风。"

8 月 4 日，"舟过温州福州，颇感闷热。"

8 月 5 日，到达汕头，"南舟五日，汗蒸不克阅书，时翻《华阳国志》而已，余则以棋消暑。……未中泊鮀岛。"

周密的计划却因欠一张船票，祖父此生真的再也没有西行入川。

定计中止南下

1934 年 12 月 13 日，祖父"柬内子报归期"，准备回乡（现广东省汕头市澄海区）。忽接家乡电报，我二伯黄家锐婚期定在 12 月 27 日，望祖父归期提前。翌日，祖父带着在山大数学系就读的大伯黄家器到码头看"归舟"，发现"招商局新轮第一次航行到青，函请各界参观，果然整齐爽洁，二等客室已不在旧时一等客室之下，而至汕舟资仅需四十二元，欣然决乘此南下。"接着"收检行囊"，"诸友熟知者又烦送礼"。

12 月 16 日晚上，祖父"已就睡矣，门者启户以太仵函来，云：'任初吾兄长鉴，毅伯⑱想已代达致恳留之意矣。吾兄表率全校，行止所系甚大，此去寒假尚远，不可遂令学生无所请益。弟等无所承教，学期考试尤赖主持。千祈缓期言，旋公私均感，区区之意，堆冀裁纳，不胜厚幸。'云云。"但是"毅伯及铺前尚无一语及之也"。现在"乘舆已驾，维舟待发"，祖父"枕上较量，遂致不安。"翌日，祖父"朝起定计中止南下，诣太仵面述误会事。"并发电报家乡："因公改下月回，吉事照办。"校长赵太仵"亦深致歉意"。祖父认为："事有轻重，但行其心所安而已。"诸友前来送行，祖父"均以此意托告友生，并通知各院门人照常上课。"

12 月 27 日，"是日辰时，家中为次男家锐迎娶。以教以学皆不能归，有负盛典矣！粤人多出外营业，又怵于择吉之习，先行迎娶以待者往往而有。"

"维舟待发"之际，"鸣钲解缆"改期。

情深一往　约坚三秋

1935 年的寒假、暑假祖父都曾返乡，路线都是乘船从青岛启程，途径上海最后到达汕头。

1月份乘坐的是太古公司的新宁号。1 月 8 日，"一声长笛，催人远行，全舟仅载旅客一人，孑单可想，为之罢饮，早睡。"乘船孤单，到了上海却有许多等候他的人，如祖父的内侄蔡绍绪及故友、乡友等。在上海经营各类商铺的潮籍人很多，每次经停都免不了热闹一番。"晨因雾，舟行濡滞。午方入吴淞，纤回西上，维揽埔东。绍绪越浦江来迓，饭于'隆记'，故友黄鹏南之遗业也。今史铗主之，尚存箕裘之意。乡友族尚闻讯来集，复与陈织云、张锦灏、黄述旦同访'南丰''致昌''宝大''庆丰'各号，皆十年以上之交情，多且及三十年。今日散处四方，令人不胜今昔之感。锦灏本浙东人，佣书潮商三十余年，几成卅角之交，追履陪谈，倍见久要之意。夜史铗开筵招集旧雨，纵谈至夜深。绍绪侍榻前，缕述乡事，鸡鸣数匝矣。"难怪有人认为潮汕文人和商人秉持一种互相欣赏互相支持的关系。

1 月 15 日，"中夜起视，未见厦门灯塔，佥谓非逾午不抵汕岸。侵晨起眺，则乡山历历在望，转眼入港矣。"返青时乘坐"国轮海利号（舟资至上海二十二金，加青岛二十金）。"

到了暑期，7 月 8 日，海利号已抵青岛。祖父"即托买舟次席并电家报明日行"。准备再次返乡省亲，他留言赵太侔校长"即返"。"交卯不寐"，祖父"起作数束别诸友"。

7 月 9 日，"辰初呼车行，微雨来相送，密篷蟆屈，不知东西。"听说赵校长"食时至寓相送"，祖父已经离开"不其山馆"，"四时登舟"。诸友"晓庭、幼秋、智斋、云岩（各馈行粮）、晓舫及岳长奎、许震儒、赵瓌亮、高翔鸽诸生淋雨远送。温话移时，鸣钲催别。旅怀激荡，一握分手矣。"正当"甫倚舷发书"，赵校长赶至，"殷勤问讯，款曲戒行，已解铁锁之维，惜返乘舆之驾。小人之言，累君高义矣！情深一往，约坚三秋。无可如何，自崖而返。"

祖父在船上，"夜细敲《述学》内外篇。汽笛间鸣，呜呜彻夜。东海雾重，劳人心长。屡起剔灯，审点文稿。"

7 月 12 日，海利号上海至汕头客舱已满，祖父只好"于昨日播迁负戴至太古公司'岳州'舢，占小室一偶，六立方尺有奇，勉容二客之，足付番银四十一金。陈设俱备，极合孤意。招商局四海新轮所不及也……经时未了。舟以七时展轮，室中生凉，可温早枕。朝粥后坐客厅温书。"

7 月 14 日，"厦汕相去百二十八海里，非速驶则日入以前不克入汕港矣。乘客盼切欲穿，卒以晚七时安抵岸桥。"

离开山大与赵太侔话别

1936 年的"鸣钲解缆"，祖父与校长赵太侔及诸友握手为别，离开青岛，从此再也没有走进"不其山馆"。

赵太侔先生原是戏剧家，后脱离戏剧工作任了山大祭酒。"国子祭酒"是古代学官名，为国子学或国子监的主管官。祖父在日记中将诸校长称为祭酒，如蔡元培称"蔡祭酒"，蒋梦麟称"蒋祭酒"，邹鲁称"邹祭酒"，杨振声称"杨祭酒"，赵太侔自然称"赵祭酒"了。梁实秋先生在《酒中八仙》中回忆说："赵畸，字太侔，也是山东人，长我十二岁，和今甫是同学。平生最大特点是寡言笑。他可以和客相对很久很久一言不发，使人莫测高深。"祖父在日记中提及与赵祭酒共商榷校务事，为了谋求学校的发展，却是"访太侔未晤，夜晤太侔谈久"；"坐谈至夜半"；"夜话至漏尽"；"赵太侔继金甫长校。今日自济回青，下午来久谈，共商教员名录"；"订聘教授数事"；"颇费斟酌，洎晡方定"；"策科学馆落成及暑期学校各事，余仍主守旧常，不改故步"；"日昳，太侔来谈至晡，共登工馆新筑瞭望之，急雨飘至而散"；"下午太侔来久谈。三时后赴暑期学校等筹备会"。校务例会上，还有无关会议内容的有趣议题，"早课毕，循例开会，余君读效率之'率'为所律切，太侔叩此'率'应作何读，按《玉篇》本，有山律、力出二切，《广均》仅收入质均所律切。"

"午毅伯电召往，商教务事，预备议案。下午校务会议决定提前一星期考试，自明日停课。趁三十一日考毕，会操青州军事训结，自七月二日起三星期。会散，校长集全校生训话，余加以说解。"也许像梁实秋先生说的"寡言笑"，校长训话，作为文理学院院长的祖父一旁"加以说解"。梁实秋先生《酒中八仙》一文提及的是赵太侔先生性格的一面，也许是经历从戏剧家到"祭酒"身份的转变。在祖父的日记中还能看到他性格的另一面，如他们一同出席教员的婚礼，"太侔以车来迓，同赴周承佑新婚之宴。"祖父在校运会任总裁判长，"晚校长犒劳运动员以积资，得伴食。一堂师弟，阖坐觥筹，不觉贪杯"。说起贪杯，祖父日记中这"八仙"之酒的记录甚丰："李茂祥戏言与予决饮，以醉卧地上为限。晚特约太侔及其夫人任监军，实秋、文柏、少侯、康甫、仲纯相陪，壁垒森严"；"闻太侔新开佳酿一罍，垂铺趋就食。仲纯妻女及少侯、丁山、康甫已先至甚矣，客之好曲蘖也。不待主人数劝，不必佳肴满前，流觞飞盏，罍之为罄，如斯乐趣，令人意远。无冠带之拘束，无酬酢之枢机。兴酣韵流，清言继烛。投壶剖橘，皆足以叙其旷怀。"祖父几次领着从老家带来的厨师到黄县路赵祭酒家聚餐，"晚啸咸设席，假太侔精庐聚饮。虽曰越俎，云有代庖（席假余仆陈厨为之）。遂以移尊，成兹雅会。饮未长夜，别有会心。宾客流连，居停缱绻。畏行多露，鸣钲罢战。犹见晓月，坐以待旦。话溯当年，东主送客。作者七人，必求其人以实之：丁山、仲纯、啸咸、少侯、涤非、泽丞、善基也。"祖父常被"索书","将劳先生之笔也"。收到"索书"的馈赠鲥鱼，即在不其山馆"招太侔、实秋、毅伯、邓仲纯大嘬。鱼重过六斤，皆曰鱼之时者也。涤之、怡荪不约而至。欢呼震屋瓦，久矣无此乐矣！"聚于酒楼未尽，还会同至校长寓斋。"太侔宴于百花村，诸友偶别，一聚为欢。酒尽复同至寓斋，为亨围棋之会，加子方散。夜眠未安。"1934年最后一天，"北风达夜，山头薄积雪……薄莫，少侯过从。酒薄天寒，肴疏市远。陶然一醉，送此残年。同访晓舫不值，折叩叔明之扉，啸咸、涤非伊人宛在，一床旧雨，四壁春风，言及鸡鸣，方如雀散。"

为了学校的经费，学校的"祭酒"们可是煞费苦心。1933年4月初，祖父到南京出席天文数学物理讨论会。趁机"又向骝仙坚工学院院费之请。谓：'非得命不克归而复命。'骝仙曰：'然则予亦欢迎子之不归矣。'举杯婉谢。"1933年6月，祖父到济南教育厅开会期间"极力为大学经费游说"，"预算审查会草稿，被勾去者十余条，核减八十余万元，大学协款已注明列入，侧侔而廑矣。""大学协款"事关学校存亡，祖父在济南一连两天都将事态进展"即电太侔"。此事压力之大，返校后祖父"下午课稍繁重，清言无侣。入馆假书，归方猎搜。太侔过谈，相对品茶。蒿目时艰，难道辛苦。"

除校务公事，祖父与赵祭酒也有私交。"太侔夫妇来谈，太侔以事先归。赵夫人谈至铺时，盖身世之感深矣。殊惭口钝，不能更端取譬以排解之。晷尽方送归。太侔走使来借杆子，即馈以乌龙一合。""偕太侔视俞君于医院，复藉以邑谈。卜夜未深，仍同回萧斋品茗，吾潮燏法，直可入《食货志》也。分坐长谈，悠悠夜半。"赵夫人俞珊是表演艺术家，出生于世代书香之家，身世颇为坎坷复杂。

1936年元旦，大学休息三日，"太侔御车来邀往荣城路新寓度岁。携弈舞之具以行，至则群贤毕集，多昨夕成局也。虽稍节饮，而逸兴遄飞。祭酒执牛耳以登坛；胜侔亦雀跃而从事。予与承佑周君各据一方，中有一局，攻应几二百合，自戌至子，方告释甲。"十天后，"大学协款，自山东者月三万金，已盛传二十四年度以后不再拨给（六月为止）。帝业未成，一朝断送。纵有长袖，难护江山。"诸友"皆有'君平卖卜，韩康采药'之思，秦人视之亦不甚惜。人心之不可维系，其所聘来者渐矣。"也就是说山东省政府或削减或停止给予山大拨款已成事实。于是才有本文开头的一幕：2月11日，农历正月十九日晚上，赵祭酒来到校园边上的不其山馆，"夜来坐至深更而别"。祖父"于是大张囊医，区署衣书，或羊或凓。一一经目，积函何止盈医。累牍于今十年，自汴梁至今，未经清理，尽举而火之乎。势所难安，披检之费一更余之力，友朋门吏可存之件百之一耳。陈迹前尘，思之历历。倚装遐想，能无多怀。鶒鸡既唱，方息劳鹿。"

他们也许未曾预料，三个月前的 1935 年 11 月 6 日，祖父还受赵祭酒的委托，代表国立山东大学起草颂辞，祝贺国立中山大学迁石牌新校舍。但是三个多月后的今天，1936 年 2 月 13 日，祖父"一别诸友，言欢拳拳。日加中，旁人催行。乃接淅而行，同车至海隅。少顷鸣钲解缆矣。送行者自崖而反。"这一别，共事六年的"鸣钲解缆"出征者与"自崖而反"的送行者便从此天各一方。

蹑蹑靡骋 顾瞻四方

祖父一生"蹑蹑靡骋，顾瞻四方"，1903 年从家乡东渡日本求学，到执鞭于天津、武昌、广州、开封、青岛，1936 年又返回广州。期间的移馆、省亲、出席会议，"以公私奔走"，大都走的是水道。行前"办装在即，话至夜分，依依难别，出门反送，临岐惘然"；旅中"辗转反侧，遂不成寐，漏尽起"；旅中"不脱常课"，"晨作昨日记"，以致"舟舷颠动，据一小凳，且以两胫作掎角之势，欹斜偏坠作字。至不克效蚯蚓蠕动，姑学黄雀跳梁耳"；旅中"又与榜人共隐橘……饱尝棋中之味，渡兹海上之航。长日光阴，共此千古"。虽有"舟人喧聒，不碍文思，颇自熹也。稿成。扣舷歌之，波浪不兴，明月相照"之悦，却有 1925 年"飞鲸沉舟"之难。

1936 年 2 月祖父自青岛返回广州后，"以公私奔走""鸣钲解缆"不止。抗日战争期间的 1937 年 10 月，祖父从汕头赴香港避难，27 日，有人报料"有船，但未得定坐……午定丰祥夷轮。荡浆二三里，乃攀而上，夷犹波际……舟客多于蝎虫，索券无方，鱼贯应名，大类点囚也。国轮敛迹，托人宇下。但望一枝之托，敢俟蒲轮之载哉。伏处窟室中，夜见熊熊之光四面探射，真漫天荆棘矣。舟中晤潮阳周兰生，青岛旧识也。乡话多时，良破岑寂。"28 日，"辰初抵香港。泊湾中，蔡际云驶小舟远迓，问别后乡同遭乱如何。羁旅西东，千金二字。客中逆旅，小住为佳。"

1940 年，国立中山大学由云南澄江迁往粤北坪石，祖父重回中大。据说武江坪石段就有 27 个渡口，祖父登金鸡山是"渡河复渡河，步抵山麓"。1945 年 1 月，坪石沦陷，祖父避居与粤北接壤的湖南临武无地坪（屋地坪）。8 月，日寇投降，抗战胜利。10 月 17 日，祖父随中大连县分教处师生自连县"鸣钲解缆"返广州，10 月 21 日舟至清远白庙，祖父失足坠水罹难，从此再也没有"自崖而反"。祖父日记在 1945 年 4 月 16 日于临武画上了句号，这一册名为《山林之牢日记》。1947 年，国立中山大学呈请教育部褒扬已故的祖父，经教育部呈行政院转呈国民政府，国民政府特于 2 月 8 日颁布褒扬令。褒扬令全文："国立中山大学教授黄际遇，志行高洁，学术渊深。生平从事教育，垂四十年，启迪有方，士林共仰。国难期间，随校播迁，辛苦备尝，讲诵不辍。胜利后，归舟返粤，不幸没水横震。良深轸惜，应予明令褒扬，以彰耆宿。此令。"

祖父以一次次或"鸣钲解缆"，或"自崖而反"，不仅给自己的生涯画出轨迹，带出了我国近现代知识分子的人生抱负，"赮赮靡骋，顾瞻四方"的生存状态，也给当时海运业态留下细微的记录。

写于 2019 年 3 月 31 日

参考文献：
黄际遇：《万年山中日记》《不其山馆日记》《山林之牢日记》原稿。
梁实秋著：《雅舍杂文》，上海人民出版社，1993 年。
刘增人、王焕良主编：《青岛高等教育史（现代卷）》，人民出版社，2008 年。

注释：
① 智斋：宋鸿哲，时任国立青岛大学数学系讲师。
② 仲儿：黄际遇二儿子黄家锐，当时在青岛读中学。
③ 姜立夫：数学家，南开大学数学系、岭南大学数学系的创始人。1952 年院系调整后，在中山大学执教终身。
④ 郑桐荪：郑之蕃，号桐荪。清华大学数学系的创办人之一，最早在清华园讲授数学的中国教授。
⑤ 朱部长：朱家骅，字骝先，时任南京国民政府教育部部长。
⑥ 李书华：时任南京国民政府教育部政务次长。
⑦ 丁燮林：丁西林，字巽甫，时任国立中央研究院物理研究所所长。
⑧ 冯汉叔：冯祖荀，数学家，多次担任北京大学数学系主任。
⑨ 吴有训：字正之，物理学家。
⑩ 经子渊（亨颐）：经亨颐，字子渊，近代教育家、书画家。
⑪ 江户：日本东京。
⑫ 倪尚达：物理学家，电磁学、无线电学专家，中国无线电教育的先驱。
⑬ 张钰哲：天文学家，"中华"小行星的发现者。
⑭ 季刚：黄侃，字季刚，辛亥革命先驱，语言文字学家。
⑮ 傅孟真：傅斯年，历史学家，中央研究院历史语言研究所创办者。
⑯ 黄巽：字绎言，国立中山大学物理学系教授，物理学系主任。
⑰ 张云：字子春，天文学家。1915 年就读于武昌高等师范（现武汉大学）时，黄际遇是指导教师，由此结下深厚的师生情谊，一直保持到生命终结。曾任国立中山大学教授、数学天文系主任、天文台主任、校长等职。
⑱ 毅伯：杜光埙，时任国立山东大学教务长。

修文偃武 弦歌礼乐
不其山馆

一段时间以来，我曾困惑不解，为什么祖父在青岛同一个地方写的日记，前称《万年山中日记》，后称《不其山馆日记》。祖父在青岛时间为1930年9月至1936年2月，其中，1930年9月至1932年7月，任国立青岛大学理学院院长、教授兼数学系主任。同时，闻一多先生任文学院院长、教授兼中国文学系主任；梁实秋先生任图书馆馆长、教授兼外国文学系主任。1932年7月，国立青岛大学更名为国立山东大学，学校对院系进行调整，将文学院、理学院合并成文理学院，祖父任文理学院院长兼数学系主任（1935年开始不再兼任数学系主任）。

查阅资料方知，如今位于青岛鱼山路5号的中国海洋大学鱼山校区，曾先后作为清兵兵营、德国俾斯麦兵营、日本万年兵营，抗日战争期间再次作为日本侵略者的兵营，抗战胜利后作为美军兵营，是青岛历史的缩影与见证，记录的是被侵略的屈辱史。1949年之前的几十年间，兵营与大学交替。1924年，私立青岛大学以德占时期所修筑的俾斯麦兵营为校址校舍成立；1930年，国立青岛大学在原省立山东大学、私立青岛大学的基础上成立，沿用原私立青岛大学校址校舍；1932年，国立青岛大学更名为国立山东大学；全面抗战爆发后，国立山东大学被迫内迁四川万县（今重庆市万州区），于1938年停办；1946年春，国立山东大学在青岛复校，因抗战前的校园被美军占用，以毗邻原国立山东大学校园的原日本中学为校址校舍，并将其确定为校本部及文、理学院院址；同时接收青岛松山路、泰山路、武定路部分作为校舍，并确定工学院、农学院院址。1948年，国立山东大学收回抗战之前的校园，从而与原日本中学连为一体，形成了今中国海洋大学鱼山校区的基本格局。1949年6月，青岛解放。1951年，山东大学与华东大学合并，成立新的山东大学；1958年秋，山东大学内迁济南，以留在青岛的海洋系、水产系为基础，于1959年3月成立山东海洋学院；1988年，更名为青岛海洋大学；2002年，再次更名为中国海洋大学。

祖父日记云："万年山者，国立山东大学旧国立青岛大学之所在也，地居青岛之西南。当日德人聚兵于此，筑营其间。三面环山，一面当海，东海雄风，隐然具备。今则修文偃武，弦歌礼乐。"第一次世界大战后，日本取代德国侵占了青岛亦在此地驻军，兵营内的小山被称为万年山。当时国立山东大学的学者们对此名称来历均感不爽，祖父亦不想再以万年山作为日记的名字，企望使用万年山原名。也许是历寻山的主名不获，祖父与其他学者探讨后，决定将他们居住的第八校舍称为"不其山馆"。不其山即现在青岛东面的崂山铁骑山。东汉时，经学家郑玄在不其山注经授徒，从学者前后达万人。郑是汉代经学集大成者，世称"郑学"。当年在不其山设帐授徒处被称为"康成书院"，该村名为"书院村"。

在《万年山中日记》第27册也是最后的一册中，我看到了即将开启的一幕：

1935年6月28日，"柬叔明快谈，卒定此记之名为《不其山馆日记》。"

1935年6月29日，"纸局贾者来与面定《不其山馆日记》格式付装潢。"

1935年7月8日，"《不其山馆日记》册印成，颇雅。"

1935年7月10日，在返乡的"海利"国轮上，祖父夜望海上月云，作不其山馆之铭并序："舟中不检一书，成数百偶言。舟人喧聒，不碍文思，颇自熹也。稿成，扣舷歌之，波浪不兴，明月相照。"1935年7月15日起，祖父的日记不仅以"不其山馆日记"命名，而且用上了专门定制的"不其山馆日记"纸张书写。从1932年6月10日开始命名的《万年山中日记》，至1935年7月14日完成了它的使命。

2011年10月，我应佳能公司之邀到青岛举办摄影讲座。28日，我背着相机沿中国海洋大学校园周边的鱼山路、福山路、大学路等（祖父日记中经常提及的）转了一圈，然后走进了现在中国海洋大学（鱼山校区）的原国立山东大学旧址，欲拜会这座"不其山馆"。对于我这个从小就在中山大学校园玩耍的人来说，这个校园真不算大，但是要找到这座具有德式建筑风格的二层洋楼，并非容易。问一中年男子，他说是抄近路穿越校园路过的；问一男一女青年学生，均摇头，回答没听说过；有前者经验，再问得找一老师模样的老者，后被告知该地不好找，然后亲领我去。最后，终于在校园四小门的附近，目睹了"不其山馆"之风采。进楼后，只要没有上锁的房间我都进去看看，甚至是布满蜘蛛网的阁楼，我都弯腰进入，即便是在里面发呆。看门人用怀疑的目光跟着我，却不说话，看得出他既负责但又不好说什么的为难处境。我告诉他，70多年前我祖父在这里写下了31本日记，留下寥寥可数的照片中，其中两幅就是在此楼前的槐树下拍的。

祖父在青岛近六年，均栖身此楼的屋檐下，并在此完成《万年山中日记》27册、《不其山馆日记》4册、《潮州八声误读表说》和《班书字说》等著作，《畸盫坐稳集》亦发端

《万年山中日记》用的是青岛胶东书社公记制作的纸张

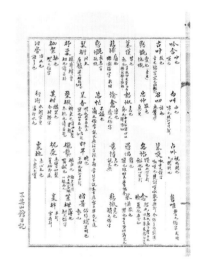

《不其山馆日记》用的是专门定制的纸张

于此。关于当年的情况，祖父在日记中有详细记录，梁实秋先生亦有文章回忆："任初先生有写日记的习惯，写在十行纸的本子上，永远是用毛笔写，有时行书，有时工楷，写得整整齐齐，密密麻麻，据云写了数十年未曾间断。他的日记摊在桌上，不避人窥视，我偶然亦曾披览一二页，深佩其细腻而有恒。他喜治小学，对于字的形体构造特别留意，故书写之间常用古体。"

此楼现命名为"闻一多故居"，1984年12月14日，青岛市人民政府将此楼定为重点文物保护单位。梁实秋回忆道："先生（指黄际遇）未携眷，独居第八宿舍楼上。他的长子家器，考入青岛大学数学系，住学生宿舍。闻一多后来送家眷还乡，也迁入第八宿舍，住楼下。所以这一所单身宿舍是我常去的地方。一多的房间到处是书，没有一张椅子上没有书，客去无落座处，我经常是到一多室内打个转，然后偕同上楼去看任初先生，喝茶聊天。潮、汕一带的人没有不讲究喝茶的，我们享用的起码是'大红袍''水仙'之类。任初先生也很讲究吃，从潮州带来厨役一名专理他的膳食。有一天他邀我和一多在他室内便餐，一道一道的海味都鲜美异常，其中有一碗白水氽虾，十来只明虾去头去壳留尾，滚水中以烫，经适当的火候出锅上桌，肉是白的尾是红的，蘸酱油食之，脆嫩无比。这种简单而高明的吃法，我以后模仿待客，无不称善。……此时主人方从汕头归来，携带潮州蜜柑一篓，饭后飨客，柑中型大小，色泽特佳，灿若渥丹，皮肉松紧合度，于汁多而甜之外别有异香长留齿颊之间。"

祖父在日记中提及均住楼下，如："夜上楼看啸咸，则方灭灯偃仰，难得解人，跃起小谈。"又如："苦寒旬日，裹足不出户庭，见天和气蔼，斜阳满山，上楼邀啸咸登峦寻胜，亦聊以健吾足也。曾日月之几何，落叶塞途，枯枝横道，崎岖石径，不可周行，独以幽怀，寄诸空谷。"《青岛高等教育史（现代卷）》也有记载："闻一多……于是搬到了学校东北方的第八宿舍，是孤零零的一座二层小楼，面对着一座坟山。楼上有一套房，内外两间由他住，楼下住着黄际遇。"到底是住楼上还是住楼下，中国海洋大学校史馆的杨洪勋老师也曾与我探讨过此事，至今无解。也许是同舍人搬进搬出，时期不同的变化而已吧，就如梁实秋先生回忆此时的"酒中八仙"，也不仅仅是八个人。所以这个"无解"并不重要，重要的是"不其山馆"不仅是单身教师宿舍，在那个时期，学校的校长、文理科教师们、校医、学生，甚至花农，都是这里的常客，室内外、槐树下、石头边，或"书斋纵谈，夜分方散"，或"促膝弈棋，风生谈笑"，或"晚归小酌，与同舍人纵谈汪、李文章不同之点"，甚至"不约而至，欢呼震屋瓦"。因而"不其山馆"可谓是青大（山大）的教师之家，祖父起码是位名正言顺的"家长"之一了。且看祖父日记中的记录：

"晚酌微醺，门前小坐。槐阴暮霭，亦自悠然。黄淬伯、王贯三、郭贻诚、费鉴照诸同舍人，促膝弈棋，风生谈笑。羁愁顿洗，野景可亲。"黄淬伯时任中文系讲师；王贯三指王普，时任物理系讲师；郭贻诚时任物理系讲师；费鉴照时任外文系讲师。"同舍邀咏声来共晚饭，两班合演，肴核顿丰。对弈二局，复共步月片时。归寓卧阅杂书。""晚王咏声、赵少侯及同舍诸君来谈，引吭高歌，六弦并奏。炉边话侣，尤破羁愁。少侯发起明晚消寒第一会，嘱为起草移檄，即书付之：'山中无度日之方，夜长多梦；秋后乃消寒之会，心热于僧。袒裼保程，既有伤于风化；闺闼佻达，又非属于诸公。愿以垩笔余闲，创为飞觞雅集。藏钩几匝，可以忘年。鲁酒数杯，酬之莫岁。倘有同志，不吝高纵。'"同舍与非同舍"两班合演"，"风生谈笑"。

"太侔、丁山、泽丞、怡荪、彭啸咸、贺华予、萧涤非皆来书斋纵谈，夜分方散。""少侯、太侔、浅哉、怡荪、逸樵、承佑、君复、绍文、咏声、之霖、立基皆来八校舍寓庐。棋茗而谈，夜分方散。亦半日之春秋也。"太侔指赵太侔，时任校长；丁山，时任中文系教授；泽丞指游国恩，时任中文系讲师；怡荪指张怡荪，时任中文系主任；彭啸咸指彭仲铎，时任中文系讲师；贺华予可能是贺祖钱，时任中文系助教；萧涤非时任中文系讲师；浅哉指洪深，时任外国文学系教授；逸樵指张逸樵，后任校务委员会常务委员；承佑指周承佑，时任机械工程学系教授；君复指宋君复，时任体育教师；绍文指林绍文，时任生物学系教授；之霖指陈之霖，时任化学系教授；立基指余立基，时任土木工程学系教授。校长、系主任、教授、讲师与助教，他们均是"不其山馆"的常客。

"晚约游泽丞、张怡荪、姜叔明、闻在宥诸文家在舍下乡厨，杜毅伯、梁实秋继至，酒行数巡，王咏声、傅肖鸿亦来。肴馔虽不丰，诸友甚引为满意，饮多不醉，亦一胜会也。局终茗谈，张、姜二君并为阅评《日记·序》数事，欢娱永夕，夜深犹不忍罢谈。妙语解臣，博闻消渴。"姜叔明指姜忠奎，时任中文系教授；闻在宥指闻宥，时任中文系教授；杜毅伯即杜光埙，时任教务长；王咏声指王恒守，时任物理系教授；傅肖鸿指傅鹰，时任化学系教授。

"李珩、罗玉君夫妇来借去《国故论衡》一册，《万年山中日记》第五、第六两册。玉君嗜文事，尤致推许，特勉应之。"李珩即李晓舫，天文学家；罗玉君，文学翻译家，当时刚受聘从法国归来，祖父亲自到码头迎接。

"有馈鲥鱼、枇杷者，招汤腾汉、曾省之、刘重熙、张尔玉、张正坤来便饭。诸子各索题额，乃为重熙书'观化'一方，省之'乾斋'一方，尔玉'知机之室'一方。俱用篆文，义则各从其类也。"汤腾汉时任化学系主任；曾省之即曾省，刘重熙即刘咸，均曾任生物系主任。

"泽丞、少侯、叔明、啸咸、善基、智斋、淦昌、涤非、蔡方宪、贺祖钱来谈。坐无隙地，人可谈天。友朋之间，自有至乐。"少侯指赵少侯，时任外文系教授；善基指杨善基，智斋指宋智斋，杨、宋均时任数学系讲师；淦昌指王淦昌，时任物理系教授。参与人之多，"坐无隙地"。

"晚实秋、少侯携沙盘乩笔来八校舍扶乩。太侔亦至，骚动移晷，无所表现。座中七八人，可分三派。有尽信者，有绝不信者，有信其事而不持有鬼论者，庞杂至是。宜乎鬼魅亦为之却步也。"

"午怡荪偕舒舍予来，泽丞来，啸咸来，不期而会。相见亦无事，重与细论文。""夜唐凤图与涤之对局，君复、涤非、淦昌诸君作壁上诸侯。王哲庵来即归，谭天凯来索书。""夜啸咸、泽丞、保衡来久谈。仲纯后至，同出步月。低头者久之，夜点书。"舒舍予即老舍，时任中文系教授。祖父离开青岛回广州大半年后，老舍"以母寿八十来告，有'国破家贫所以没有治筵款客'之语"。祖父作联答之："历下十年居，苜蓿栏干，鲁酒一尊将母寿；秋容九月茂，兰荪茁秀，北堂晚景即仙乡。"唐凤图时任土木工程系教授；赵涤之时任土木工程学系主任；王哲庵即王国华，时任外文系讲师；李保衡时任数学系讲师；邓仲纯时任校医兼任国文系讲师。

冬天，"晡小酌，同舍人王、彭、林、贺、翟、葛诸君消此奇寒。大观园中赏雪联诗啖鹿肉之乐，不过尔尔。酒后聚谈，窗外寒表降至十七度，添炭。"夏天，"晚饭后移坐槐下纳凉，今暑第一遭儿也。贯三、善基、保衡、涤之、仲纯、康甫、少侯、泽丞来列坐，戌终人散，杂阅群书。"

青大校长杨振声、山大校长赵太侔亦常光临"不其山馆"，在此屋檐下进出的人物之多，实在无法一一列举。以致祖父返乡省亲回校，"以蜜柑遍遗交好四十余人"。蜜柑就是家乡特产"潮州柑"，可谓是分"柑"同味，难怪数十年后，梁实秋先生还能有如数家珍似的回忆。

《青岛高等教育史（现代卷）》中"学校东北方的第八宿舍，是孤零零的一座二层小楼，面对着一座坟山"的描述，让人感觉"不其山馆"周边环境荒凉，毫无生气。祖父的日记却让我感觉那里时而人气鼎沸，时而恬静闲适。"院落峥深，重帘悬锁。时移小榻，高卧其间。鸟语涛声，而外了无入耳者。""不其山馆"门前的槐树与石头被祖父多次写入日记中：

"六时归寓已感闷热，惜夜雨之未沁也，憩槐树之下阅近世数理论一小时。"

"叔明来，共坐树下，自谓是羲皇上人。"

"早起坐槐阴，看园人艺圃。"

"交申坐院中枇边看客打球，实秋来茗谈石上。披襟挡风，稍解劳碌。"

"晨起坐石上，当风阅报。时有鸟声，庭前之瓜枝叶迸出矣。"

"夜贯三、叔明来，坐院中石床，亨潮茶，谈甚洽。"

"张怡荪来谈，郭式毂自燕来，共坐石上久之。客散灯下阅书，不可一刻。偶坐槐下，为毛虫所伤，废然就寝。"

日记中提及在"不其山馆"照相事有两处，一是"玉君夫人为拍二照，积瘁之躯，惭于对镜久矣。"二是"谈生亲督相人携机来斋摄取，姑倚槐树，听其渲染，是我非我，无足重轻。"谈生指数学系应届毕业生谈锡珊。现存两张祖父在青岛的个人照片，一坐姿一站姿，看到的只是印刷品了，相片虽然不清晰，从人物的状态、服饰、环境等信息的相同，可以判断是同一天拍摄的，直觉出自翻译家罗玉君之手吧。

上图原载1949年版《黄任初先生文钞》

"甲辰岁除"，祖父应允"同舍人群饮之约"。《不其山馆日记》第四册的1936年1月23日日记，记下了此情此景，此思此念："竟日录校《清·儒林传目》。下午抽赴校务会议。据报校款略可就绪，唯大局益张，有不可及瓜之势。冬假原定为一年级生补课，今徇其请，亦豁免之。别派定监考人员。毂伯旧疾发，予所任特重。晡已允同舍人群饮之约。有诺必践，小聚亦佳。同是天涯沦落人，每逢佳节倍相亲。彭、贺、翟三君杀鸡储酿，相与为欢。饮此盛情，解我乡梦。又赴怡荪晚宴，徘徊蹊径，不得其门。士以夜往，本非礼也。主妇躬操，盘肴满席。昨夕食羊肉停胃，为之戒箸匕。觥筹交错，入坐有胡文玉、李、罗夫妇及二女生，亦以健谈胜酣饮也。馔彻继以杂博樗蒲，皆非醉翁之意，藉此点缀年事耳。二鼓后穿峡而归。箫鼓声喧，爆竹并响。山鸣谷应，送此残年。"

1936年1月，山东省政府借故将其每月给国立山东大学的3万元协款压缩为1.5万元，给学校带来很大的经济困难，祖父极感失望。在国立中山大学张云、何衍璇[①]、邹鲁的协助下，1936年2月13日祖父自青岛启程南归广州，离开居住了六年的"不其山馆"，返回国立中山大学任教。至此，《不其山馆日记》画上了句号，翻开了《因树山馆日记》新的一页。岭南词人杨铁夫看了祖父《不其山馆日记》四册后留言："承假大著，庄诵一过。真觉北江复生，殊令莸客失色，使我五体投地矣。以弟愚见，请以原迹付影，公之同人。比之秘藏名山，功业万万。执事如有意者，校字之役，乞以相付。兹仅写出可疑者若干处，不知有益高深否耳？"祖父回复："片言之诒，奉之如玉。三军之士，皆如挟纩。仅将所签批四十一条分存眉端，或即削正之。其论仗祥二字，特记所知者如左。原稿附存卷末，不胜羔雁之爱也。"

上图原载1949年版《暹罗澄海同乡会成立纪念周刊》

"国立青岛大学之所以在国内享有盛誉，一个很重要的原因就是教师队伍的整齐壮大。

当时国内知名的专家、学者、教授，纷纷来校任教。在很大程度上提升了学校的学术地位，在带动了学科发展的同时，也极大鼓舞了学生的学习热情。""从国立青岛大学建立到国立山东大学内迁，这7年多的时间，可以说是青岛现代高等教育史上最为辉煌的时期。"此两段话引自《青岛高等教育史（现代卷）》，祖父在"不其山馆"的屋檐下所作的日记，以细节见证了。日记不仅是此时此刻的个人记录，亦是此时此刻的群体记录。

现查资料证明，"万年山"原名为"八关山"。此地经历数十年更迭，至今仍为"黉舍"，一代一代的"门人"在此"费光阴"，不其山馆"羹墙宛在"，可续"酒中八仙"。

写于 2019 年 3 月 15 日

参考文献：
黄际遇：《万年山中日记》《不其山馆日记》原稿。
梁实秋著：《雅舍杂文》，上海人民出版社，1993 年。
刘增人、王焕良主编：《青岛高等教育史（现代卷）》，人民出版社，2008 年。

注释：
① 何衍璿：教育家、数学家。曾任国立中山大学理学院院长、云南大学理学院院长。

补 记

2019 年 12 月初，一个偶然的机遇接到山东大学校史馆邀请，与中山大学档案馆的张建奇老师一起，先到济南参加中国高等教育学会校史研究会主办的校史研讨会，然后在山大校史馆李彦英老师的陪同下到即将落成的山东大学博物馆参观。最后一站来到青岛，在现中国海洋大学（鱼山校区）的原国立山东大学校址，如愿入住在"不其山馆"旁的学术交流中心。在海大校史馆杨洪勋老师指引下游历校园。

2011 年到 2019 年，时隔八年的观看，感觉真的不同。之前只知道祖父在这里六年，编注祖父日记这十多个年头，补充了太多细节；之前没有知情人带路，现在有熟悉校史的杨老师指引直奔主题，节约时间不说，祖父日记中的场景一下就对上号了。"不其山馆"即使在修缮中，也不因此有特别的遗憾。这次突然而至的行程，为上文增添不少话题，忍不住添上一笔。

2011 年来的时候，不其山馆小楼全被爬墙虎包裹住，几乎看不到真容。所以这次首先选择从中国海洋大学学术交流中心楼上，隔着不能打开的玻璃窗，看看这幢有 110 多年历史的建筑——不其山馆（原国立山东大学第八宿舍），然后随杨老师走近小楼。小楼在修缮中，室内虽然特批进入，一来之前我看过，二来不想给正在施工的人添乱，所以匆匆出来了。现场一位师傅告知，这次修缮尽量恢复原貌，室内曾经改动的间隔将回到原处。楼外，这次留意到楼前的老槐树、大石头已不在。老槐树虽已不在，这次却看到校园内的美桐、榉树等百年树木。美桐树上挂着青岛市南区人民政府于 2004 年 9 月制作的牌子：美桐，悬铃木科，国家一级古树，树龄 106 年。走在这条路上，仿佛时间穿越：穿着布长衫、黑皂鞋的祖父，或独自、或结伴，"信步校园""漫走山河"。

2011年10月我在青岛原国立山东大学第八宿舍（不其山馆）前（林钧广摄）

2019年12月我走在美桐树下（杨洪勋摄）

国立山东大学第八宿舍，原德国俾斯麦兵营军官公寓，由胶澳总督府建于1907年前。2019年12月8日摄

子孙长读未烧书
阅读记

1935年12月28日，丙子新岁即将到来。祖父黄际遇在青岛的国立山东大学"不其山馆"研墨，分别为老家的宅门与书屋"因树轩"撰写春联，然后与家书一并寄出。

宅门联云：

丙舍常留半耕地；子孙长读未烧书。

因树轩联云：

因其材而笃焉；树若人如木然。

"丙舍常留半耕地；子孙长读未烧书"一联，之后常挂在我家的客厅中央，可惜"文革"期间去向不明了。时中山大学中文系青年教师罗伟豪对此印象很深。两三个月前在中山大学的西大球场偶遇时，年过八旬的罗叔叔还能提及并背诵出来，让我着实惊讶。

"未烧书"出自清代广东顺德籍诗人陈恭尹的《读秦纪》："谤声易弭怨难除，秦法虽严亦甚疏。夜半桥边哼孺子，人间犹有未烧书。"不管时代如何更迭，"人间犹有未烧书"。祖父经常是"兀坐斗室""纵读酣浸"地阅书至"漏尽"。对一些十分喜爱的书籍却因"卷性繁重，值不赀，非寒家所能购有"，只能在学校图书馆等其他地方"随阅大凡"，或假借于诸友。如："晨起专忏一多处假《青草堂全集》读之。""夜微雨中访一多大学路……阅李调元《赞庵赋话》（乾隆四十三年李自序，光绪七年沦雅斋刊本），百衲成衣，并无穿插。即付还一多。""一多介绍北平宏远堂书贾刘姓者来，告怡荪专搜集清代文集。"一多即闻一多，怡荪即时任国立山东大学中文系主任的张怡荪。

1933年4月19日，祖父自嘲："红日满窗，挟书信步。文王之囿，亦禁刍荛。中有一人，奄据小亭。俯而思焉，仰而望焉。梅葩掩映，助其丽思。草色迷离，哀此惇独。默追曲面之理，远寄春水之情。目之者指为书痴，过之者不知深处。先生不知何许人也。"每天阅书是祖父常年的习惯，纵使缺课一天都觉遗憾。"阅书过度，不得酣睡"，"被酒甚，不能阅书矣"，"纵读酣浸，神情飞越"，"拥书入梦"，"颇以诵读自振"，"已剔灯起读"，"反键寓室，丹铅授读，意殊欣然"。阅书的种种情态，每每出现在他的日记中。无论在学校宿舍、图书馆，或是途中旅馆、舟车，"必携书以自随"，手不释卷。

"予近以研究一文，绞脑汁者月余。曾为及门语云：'读书如长旅，研究如作战'。"

"同一要点而横看各书，最足启人神智。横看成岭侧成峰，远近看山各不同。不知庐山真面目，只缘身在此山中。所以深读一书，或遍阅群书之后。既须置身其中，使我与真理融合为一。又须超然书外，俯瞰群象有可相关之处。愚公移山，不忘畚锸。商瞿生子，可遗一经。帝力何有于我哉？"

1932 年 6 月 10 日，祖父在学校图书馆，借到清末文史学家李慈铭的《越缦堂日记》，原迹影印，五十一册。李慈铭，号莼客、越缦老人，室名越缦堂。之后，祖父花了大半年时间"纵读酣浸"。他的阅读方式是：常阅、复阅、点阅、杂阅、诵读、校读、丹铅授读和札录等。祖父认为"考核一人所著之书，可以得其进德修业之法。不然，直不知古人之成学，从何致力也。尤喜阅读书杂记等书，不然，直不知读书怎样读法也。"

仅在祖父 1932 年一年的日记中，我粗略地梳理列出一份长长的书单。除五十一册《越缦堂日记》外，文科类书籍有三四十种，如：

"卧阅《北江诗集》，未几抛书，颓然酣睡矣。"

"入图书馆浏览一小时，见有《孙梅四六丛话》、《蒋士铨评选四六法海》（原选王志坚万历庚戌进士）、《纪文达公遗书》、《桐城吴先生日记》、《孙渊如集》、《洪北江全集》、《清容居士集》、《舜轩孔氏所著书》，皆所愿见者也。拟分别借读。"

"读新得《四六丛话》，如获百城。"

"晚尽《老残游记》，竟至丑初。"

"卧阅《畏庐论文》，十二时熄灯。""四时不寐，兴点阅《畏庐论文》。"

"朗读《太史公自序》第七十一遍，声未嘶而气已喧，口诵之功歇响者三十余年矣。"

"斜月在檐，读沈约《宋书·自叙》。"

"踏月而归，阅《骈文类纂·书启类》二卷。后阅《荡妇自传》，子三刻就寝。"

"讫入图书馆浏览书库藏书，与丁伯弢小谈，托为定购《说文解字诂林》，并借得《王先谦骈文类纂》一部五函。"

"客散，选《清朝骈体正宗》文二十篇，备指示儿辈诵读。"

"大学图书馆员李斯德，以半年之力为《全唐诗文引得》一书，属余为端，昨承赠存一册。"

"晚读《八家四六文抄》诸序，慨然有怀，不知漏之已尽也。"

"披襟独危坐，时还读我书……入夜校读槧刻悉伯《三山世隐图记误字》。"

"西北风彻夜有声……夜浴后阅《四六丛话》卷一、《论选》一卷。读弈谱数局，夜分息睡。"

"夜课毕，抄爱伯《送朱肯夫侍讲视学湖南·序》，存越缦外集。浴罢阅《说文释例》及杂书。重衾多梦。"

"阅《鲁岩所学集》，连日苦思数理，夜阅杂书，心神稍畅。"

"夜阅《文史通义外编·习志事》。"

"夜喙嗽屡醒，独坐窗际。天阴四合，别有遐思。夜阅《文史通义》及《史通释》，获益良多。"

"阅《史通》其《自叙》一篇，颇博衍可学。"

"晚阅《新月》（四卷六期），觉得崭新旗鼓，有根本摇动之状。"（作者注：《新月》为杂志主编梁实秋所赠）

"在四川舟中。与舟人弈棋数局外，杂阅《秋雨盦随笔》，聊以永日。"

"山东舟中，华表三十九度。竟日阅纪晓岚《笔记》，遇有可辨证折角志之而已。"

理科类书籍种类也很多，无法一一列出，如：

"西北风小杀旭日。晚尚寒，初试炉……晚读 Riccati Equation 四种书，Cohen 二种，Goursat 一种，林鹤一师一种。林著重计算及解法可能时各种定数之条件，最易了解。Cohen 之作简而明，关于本方程式之解答特具，非调和比性质亦具备。唯不若 Goursat 之高明且具应用之妙，至 Johnson 则自级数之立场论之尤不可不读也。"

"Riccati's Equation 类列参考书九种，此以横读为研究之法也。本方程式不过一阶一次耳。而凡或因其在历史上富于兴味，或因本方程式若其解答性质之宏富，或因其在数学的物理上应用之广，遂成重要方程式，本例其一也。"

"今晨授课后，续读 Johnson，Bateman，Fiaggeo Forsyth 四种（尚有一种 Wilson），综而论之：Forsyth 仅述方程式变形之方法，及解法可能之条件，略及非调和比之性质。"

"阅梶岛二郎《数学概论》毕。余亦拟一数学定义曰：……数学者，建设若干之符号，于所遵守之法则范围内，推超乎经验之真理也。"

"阅高木贞治《代数学讲义》（昭和五年共立社发行），虽非近世代数，而极与接近之代数学思潮，着着接触。"

"午睡为客所扰，精气不充。往球场观战，五时方归，阅群论。"

"晚阅微分几何学未有心得，读弈谱就睡。"

"晚阅微分方程式，颇有妙悟，演存习题一则。"

"晨授课后顿惫，归舍写联数对以自遣，阅近世代数一小时。"

在青岛，"又购得《庾开府全集》《初唐四杰文集》《弘明集》《历代纪元编》，皆《四部备要》零本，外《三余札记》一部，共直五金二角。""北京宏远堂付来王先谦《骈文类纂》、孙梅《四六丛话》各一部，皆心所爱也，共付直十八金。"祖父常年"以公私奔走"，每到一地都以"冷摊说贾搜沙"为乐。

1932年8月底，祖父赴北平出席数理学会年会，归途经济南，"晨九时抵济南，须候车至午刻，乃往购书，计平济两处买得书十余部，分别签记。又檞木如意一架，曲阜孔庙名产也，索直八金即予之。"

1936年2月，祖父"一别诸友"，返回曾经执教的广州国立中山大学，此时的他"嗜痂之癖"丝毫未变，即使日本军机轰炸广州警报响起，他还"听鼓犹遥，点卯未及，旧街阅市，搜猎破书"。

雨中阅市　行色骤壮

1936 年 2 月 29 日，羊城雨中，刚回到广州的祖父"出寻雨衣……入府学街阅市。有书肆二十余家，殊助嗜痂之兴。以十一金购书七种三十六册，行色骤壮……夜卧阅新得书。"府学指始建于宋代的广州府学宫，在北京路、中山四路、文德路、文明路附近一带区域。如今还见府学西街，而府学东街已成过去时。此区域目前还是广州的文化地标，是学校、书店、字画装裱店、文物店和展览厅等相对较为集中的区域。

购于双门底的《说文揭原》（双门底为广州市旧地名，现北京路一带）

得自童时　随予 40 年

1936 年 3 月 8 日，祖父从青岛启程到广州已近一个月。"一月以来皇皇逐逐。去就也，行李也，舟车也，妻孥也，饮食酬醋也。外役我形，内婴我心。亦诩十年养气之功，复逾五十知命之岁。况复途中旅次，必携书以自随。客退更阑，犹削简而补记，而憧扰之。往来日长，空莹之方寸；日蔽知新，无勇进之果力。温故亦相对而懵然，故知精力就衰，弥歉程功，不遑夜深矣。亦无必读之书，检李次青《国朝先正事略遗逸传》。心维目想之，遂觉胸次澄然。先贤如诏。此书得自童时（光绪己亥石印本），随予四十年，旅行四十万里矣。今夕始于白云山下，明月在天，把彼高风，涤其旧染也。或遂可以无大过矣夫。"

旧书冷摊　说贾搜沙

1936 年 5 月 10 日，星期天，祖父"早起招之同步学宫街下，流连旧书冷摊，说贾搜沙。买书大非容易，仅得吴荣光《吾学录》（八册二金四角）。此以存礼仪典籍，世所不讲，而吾家所不可不备者。俞曲园《春在堂随笔》十卷、《小浮海闲话》一卷、王渔洋《香祖笔记》十二小卷、方中德《古事比》五十二卷（都一金），凡以为枕上谈助已耳。"

欢喜无量　巾箱相随

祖父 1926 年被聘任为广州国立中山大学教授，后在河南开封的第五中山大学、山东青岛的国立青岛大学（后为国立山东大学）任教，其喜爱的书籍一直"巾箱相随"。

1936 年 11 月 9 日，"今日始得《十三经注疏》一部，欢喜无量。十年前馆粤时以十金购得扫叶山房石印阮刻附《校勘记》本。于梁于鲁巾箱相随，究不可为伏读之本。去夏里中有以大字本鬻于市者，垂次奚似，旋为捷足者，贾七金攫之以去，至今耿耿不忘。李悉伯记云：'坐上无书便如贫儿。'猎书半生，犹付缺然。而邑中已指为藏读人家，殊可愧也。经月足迹不污市肆。张荪簃来言，已见一部于萃经堂，索粤币四十金，李雁晴代为谐贾仅三十一金，又直薪枯水涸，乞诸其邻，遂据为己有矣。凡三百六十七卷，线装一百二十册，同治十年广东书局仿乾隆四年武英殿依毛本所刻者，几毛本原缺字者皆缺之，而附考证于后，其中已有朱之处，则乡先辈有先我读之者，加我十年，请事斯语。"

1936 年 11 月 17 日，"思阅旧书市，折入萃经堂，将夕矣难辨书趺，急趁校车，东归村舍，牛羊下来，渔灯明灭，又蒙车尘之舞，谁疗臣朔之饥，既博劳薪，即以易米，村沽一饭，便了千钱，麦酒野蔬，饱饕自劳。"

萃经堂当年坐落在广州市区的龙藏街，距离国立中山大学老校区很近。国立中山大学新校区在广州东郊石牌。当时乘校车往返新老校区，单程车程约为 40 分钟。

披沙拣金　不绝人望

1936 年 10 月 10 日，祖父执友李雁晴"见报《越缦堂日记补》（起咸丰四年甲寅三月十四日讫同治二年癸亥三月三十日）商务印书馆预约（价十二元特价九元），正与《盂学斋日记》衔接，期待之三年矣。癸酉夏蔡鹤卿告予实已付印，信三年乃有成也。报录《蔡序》有'除樊樊山所藏八册外，应有尽有'之语。予于越缦著述舍《越缦堂骈体文》外，亦应有尽有。急命锐儿就近订购。"李雁晴即时任国立中山大学中文系教授的李笠，蔡鹤卿即蔡元培，锐儿即我的二伯黄家锐。11月 12 日，"雁晴假我《戏剧旬刊》十余册，赖以消闲。半日皮黄之兴，数十年间事耳。"11 月 23 日，"为觅得长沙王氏旧印本《荀子集解》于羊市冷摊，粤币一金有奇。披沙拣金，不绝人望。其《考证》二卷，赫然弁首《四部丛刊》，据'函芬楼景印本'殿诸卷末，早知其不然，只今而验，所得本有王某印章及用红色墨水点阅数篇，尚未知断句者，然武夫具在，不为此书贬损也（武夫，俗作砆砆，《海内经》有九邱曰武夫之邱。注：此山出美石）。前日假自曾运乾者，其《劝学》《修身》《不苟》《荣辱》《非相》《儒效篇》有加密圈之句，尚时时会见精意，依之加朱而后归之（运乾旋过谈，约文会）。荀子之言曰：君子生非异也，善假诸物也。夜读《荀子》。"12月14日，"雁晴为寻到《皇清经解正编》（三百二十册，索贾六十五），谐贾未成，泉币成以楮纸，均纸耳。纸，絮一苫也。各家均不得其确解，要之以换书籍，故当较胜。"12月19日，"雁晴为谐定粤本《皇清经解》贾五十金。旦日载书来，斗室无庋处矣。"

1937年4月28日，"雁晴阅市，得《芗屿裘书七种》，南城曾廷枚著。"6月2日，"馆课暂轻，分日阅假诸李子雁晴之书，行将分襟也。"

1938年4月2日，"作书致李雁晴（托觅《常州骈文》市中）。"

非几上伏读之资　但供兔园獭祭耳

1936年12月9日，"龙榆生自申寄来《越缦堂骈文》四册，朱题曰'丙子秋日购自吴门寄奉某'，署'万载龙沐勋记'，践宿诺也（直二金）。卷中以朱圈加眉者，无虑十数见。所远诒故人海外者，良厚矣。"龙榆生时任国立中山大学中文系教授。

1936年12月20日，"雇车迎东北风，邹曼支同乘而归。估人载书入室矣。几案无隙处，举策数之三百六十册，付粤币五十金。异遇也。……彭啸咸去夏得诸燕京《正续经解》二百六十金，不可同日语矣。家中旧有石印本虫食不堪，以手巾箱小册，亦非几上伏读之资，但供兔园獭祭耳。"彭啸咸任国立山东大学中文系讲师期间，与祖父为论文之友，他们同住学校第八宿舍，舍人称"不其山馆"。

亦多避乱　善本难见

　　抗日战争期间，广州遭日军轰炸。祖父于"走警报"间往返新老校区，讲文学于文明路旧校址，讲数学于石牌新校区。祖父曾两度在老校区执教，一是1922年的广东高等师范学校（中山大学前身），二是1926年的国立中山大学。

　　1937年11月6日，"戒旦而兴，趁就早车，今惟往教，不闻来学，礼也。讲文学于旧校址，予壬戌、丁卯两度假馆于此，今为附属中学，昔年之贡院也。铜驼徒，颜驷三朝。过此踌躇，感能于予心哉。听鼓犹遥，点卯未及。旧街阅市，搜猎破书。亦多避乱，善本难见。有《南北史识小录》，心乎爱之。谐贾不成，踯躅街头。有声呜呜然，又告警矣。窜入城隍古庙，百业都非，土神安往。立大树下，非求论功，其志将以求食也。钟鸣围解，展转求徒。咿嗄北堂（《汉书·东方朔传》：'伊优亚者，辞未定也。'字作伊优)，伊违阙党。吾道之衰，奚待今日。"广州城隍庙位于中山四路忠佑大街内。

　　"默追曲面之理，远寄春水之情"。文理兼修，担任国立山东大学文理学院院长，祖父何许人也？上述的记载有了答案。如今购书、查阅资料，网上操作十分便捷，少有了像祖辈们那样"冷摊说贾搜沙"般的经历。但是像祖父那样"獭祭鱼"式地爬梳，在大数据时代显得更为重要。身体力行的祖父自然期待子孙们能"长读未烧书"，"树若人如木"。整理祖父日记中的购书、借书、阅书的经历，鞭策自己的同时，也期待我们的后代能"长读未烧书"。

写于2019年4月11日

因其材而篤焉

樹若人如禾黍

兩舍常留半耕地

子孫長讀未燒書

参考文献：

黄际遇：《万年山中日记》《不其山馆日记》原稿。

出走荒台 登及上宫
天台情谊

　　1935年11月6日，祖父黄际遇受国立山东大学校长赵太侔委托，撰写国立中山大学石牌新校区落成颂辞。1936年3月3日，他第三次"移馆"中大，第一次走进他在颂辞中赞誉过的新校园，这天是祖父从青岛回到广州的第五天。之前的几天，他寄居在市区的亲戚家，虽有亲人好友招呼，毕竟是"爰居未定，酒肉是谋。不惟误公，且难娱己。决计迁榻横舍，冷僧寂院，心甘久矣。"是日，由在广州经营南北行生意的亲家蔡镜潭"躬为屏挡行旅，遣人伴送"，从大东门驱车二十里到达国立中山大学石牌新校。新校"占地可万亩，坫坛宫阙，肩立相望"，因有人带路，直接就到达已为前订住的二楼前轩。"据牖而南，最称凉闿。室大虽止方丈，而床一榻一几一凳三。占地无多，差如人意。书架特增三具，可安簏本。更衣颒面，范匮室隅。明镜水头，照盥惟便。电灯高悬床头，别置其一。以咏以读，高下在心。室傍厅事宽明，溲沐清洁。无远涉之苦，有放足之堂，尤令作客托居逍遥。……当窗独坐，远望弥佳。双峦崎前，横宇间之。全图入览，不见行人。阡陌阑干，竹松交错。霡霂霖霂，小窗多明。还读我书，不作市肆之想，但又苦有晚约耳。"

　　又苦有约，祖父刚入迁石牌的头两个月是"扰扰二月"，忙于各种应酬。五月初的一天恰逢周日，他终于可以"晨起稍迟，整比斗室，悠然而坐"，独自上天台远眺珠江、番禺诸山了。祖父日记多次提及上宫并注解指天台，这是他消暑乘凉、访谈会友、中秋赏月的绝佳去处。如："独攀上宫远眺"，"出走荒台，登及上宫"，"乙夜复攀上宫"，"二更后独上高楼"，"中夜登上宫"，"登上宫当风晒对"，"子初犹露卧上宫"，"循例登上宫"。他在上宫"凝眸"，"立而诵书"，"就露灯毕书盈卷"。

　　祖父秉性率真好客，此时，仿佛青岛的"不其山馆"搬到了广州石牌，旧雨新知相聚在厅事、前轩和上宫。在青岛的国立山东大学旧址我找到了祖父居住过的"不其山馆"（学校第八宿舍），以及作为理学院院长办公室的科学馆203房。在广州，我也期望能找到祖父居住或工作过的具体建筑物。曾建屏先生《追忆黄任初先生》一文提及祖父住在学校第三宿舍的三楼。因为曾先生就读中大时曾经"搬入任初先生房内"侍读约半年。文中有许多生活细节，如："我父亲是始终要我跟黄先生读书的。究竟是不是我父亲函请任初先生收容我到他房间侍读，我不太清楚。只知有一天，我和周英耀、李光文、光信四人到先生住房，请先生讲解高等代数时，先生即嘱搬一只书桌，放在他大书桌左傍书架之前，并命我搬入跟他读书……

我搬去后，只白天上下课前后到先生房里坐坐。有时替他牵纸让他写大字，有时替他到街上买小型美人牌吕宋烟……大概是许多门生及同乡商人，时时请他写字吧，他的书架之上，不断放着成束的宣纸。因为纸太多，他也记不起是来自什么人。有时纸放久发黄了，他不要，我们就拿去当大便纸使用。那时候，广州还没有今日各地时尚的水厕，更没有现在常用的厕纸。所以他有一次生病，不能下楼，遂只好嘱听差把便桶放在房里蚊帐后面。"开初我以为找到祖父在国立中山大学石牌旧址居所的线索了，认真细读才发现曾先生是在民国十五年底，即1926年底在国立中山大学初次见到我祖父的。那时（1926年）我祖父在河南开封的中州大学（现河南大学）主持数理系兼校务主任（后任校长），因奉系军阀盘踞开封，中州大学处于停顿状态，旋即应聘任广州国立中山大学教授。所以此第三宿舍应在国立中山大学文明路旧校址。文明路旧校址现仅存钟楼、明远楼和天文台三座主体建筑了，这第三宿舍以及祖父在国立中山大学石牌旧址的居所具体在哪里？没有找到资料，有点遗憾。

文明路的钟楼与天文台　2020年10月5日 陈靖文摄

　　祖父与张作人先生的几次久谈及日后张先生曾作客我家，引起我对祖父日记中相关信息的关注。不知张先生是否住在祖父的楼上，因为其中一次是"夜登上宫访张作人久谈"，我牵强地将他们的交往称为"天台情谊"。

　　祖父在青岛时期的日记中似乎没有提及张作人先生，但在回到广州后的日记中却多处提及，显见过从甚密。他们既不是同辈或同行，也不是同乡，也许可以认为祖父与张作人先生的情谊是在石牌共事期间，"走警报"中建立的。张作人先生于 1900 年出生在江苏泰兴，1932 年留学回国被聘为国立中山大学生物系教授，直到广州解放前夕都在此任教，曾任生物系主任、训导长。1932 年正好是祖父从河南大学"移馆"青岛。张作人先生曾说他在民国十年时听过祖父的演讲，那时他才 21 岁，祖父比他年长 15 岁，但这并不影响两人的交往。他可以翻阅祖父的日记，以扇面向祖父索书，还曾向祖父借钱，甚至在躲避日军空袭广州时，他们共挤在一张床过夜。

1937 年 9 月底，从日军对广州市区进行第一次空袭起，日军飞机对广州的轰炸持续了 14 个月。广州几乎天无宁日，市区经常全日处于警报之中。这期间祖父的日记，几乎天天与"走警报"相关，如 1938 年 3—5 月间：

3 月 10 日，学校遭日机轰炸，"偕张作人往看炸弹遗迹之二（共六弹），宽二丈深丈许，在竹林柏树间也，行谈横议久之。"

3 月 11 日，"教途中丁冬告警。"

3 月 14 日，"又有掠屋而过者。"

3 月 15 日，"午未入舍，百响齐鸣。疾趋安往，卒徐行而安之。诸舍人群攒居穴，任运委天。历炊许方蠕蠕出窦，求食居无。何又营营而至，或云四十余架也。……缓响遥传，鹰鹯已逸。复见天日，还我河山。便觉举步皆宽，此间可爱。倚窗纵诵唐人诸赋，低佪曲折，即此是雅颂之声。"

3 月 26 日，"警中以小车往旧贡院（作者注：旧贡院指文明路老校区）都讲二课，论庾子山文宗，举《黄君墓碑》示诸生。"

4 月 7 日，"午完课有徒问所业，传警已急，不终告也。归途已迫在头上，窜身土室，从先生者七十人。砰然十余响，草木震动，山谷共鸣，投石落弹，近在肘腋矣。"

4 月 8 日，"聚徒而课，钟声乱之。仓皇辞殿，局脊呼天。东以车来，与之俱西。辇下道左，创坑累累。半间古庙，一龛弥陀。栋折梁崩，塑像不完。"

4 月 9 日，"报台儿庄大捷，俘馘各以万计。……午在警报中往授北江文三首，声出金石，一乐也。晤文院同人，多色喜者。闻胜勿喜，闻败勿馁，默祷国运，如日方升。"

4月10日，"午粥正陈，举肴罢咽。历时炊许，烽烟稍纡。已有传言，西广华街大利工厂，制衣之所。落然弹一，毙女工百余，伤者数百耗矣。哀哉，提携襁负，畏其不寿，何恩生之，何咎杀之。粥粥诸殇，国人其能勿殇乎。"

4月12日，"尚无掠空过境者"，祖父按教学进度上课。而"晡方食，有机声甚迫，未聆报警，应非谋我者。而女奚大呼曰：'机来矣！'停杯投箸，奋袂而兴。审投深岩，不及十武。"这天，祖父"与张作人小步洞滨，商榷避地"。学校附近的龙眼洞（亦称龙洞）是学校植物园所在地，同僚董爽秋先生答应为他们"卜宅"。

4月16日，"速张作人、李俊白登高，效桓景避难①之意（谣言今明二日大袭羊市）。辰三刻犹未成列，而海上传警已起帆唐家湾（中山县属）。羊市汽笛急鸣，校钟闻而响应。若为性命，不能再忍须臾矣。"按惯例一连五日祖父都应入市区到文明路的文学院"馆课"，前几天还"午在警报中往授北江②文三首"，今日只好请假避难龙眼洞了。祖父与张、李三人"村落投荒，驱彼北邙，有邨曰龙眼洞。同寀淮人董爽秋教谕营居于村野。田可二十亩，环以篱笆，署曰：佩园。"祖父追问，"所谓洞者安在？曰粤人之所谓洞，乃系旷野之意，非必有深岩幽壑矣。"除了龙眼洞，广州还另有黄婆洞，也没听说那里有什么洞。警报间歇，他们主客共游，"由野而村，环峦涉渚"，"畏行多露，东月欲浮。李生荷戟为王前驱，张子并肩高歌弹铗，抵舍下晡矣。"晚上，"支床草际，与作人共之。"此时"明月松间，自相淹照。"但却"揽兹清景，乃以逃命来也，伤哉。"广州亦称羊城，羊市即指广州。董爽秋与周恩来同船赴法国留学，后转德国继续深造，是德国柏林大学博士。他回国后曾任中大生物系主任、教务长，并推荐生物系助教吴印禅赴德留学。吴印禅学成归来，先后担任中大生物系教授、华南植物研究所副所长、中山大学副教务长。现中国科学院华南植物研究所（华南植物园）前身为国立中山大学农林植物研究所，现址位于龙眼洞长湴地域。近日与吴印禅先生之子吴节探讨，昔日佩园的具体位置已无从探究，但肯定是在龙眼洞、长湴、华南植物园这些区域内。

4月21日，"未午已超八十度，毕二课汗涔涔下。返室更衣，当户望云。洄洑交流，风飘潮涌。一声长笛，又有袭我者挟弹而来。嘻，异哉！天变亦不足畏邪，相戒昼寝。与作人共坐听事，偶语斋头已而。狂风满楼，雷电交作。惊蛰已过，谷雨克期。四时行焉，万物生焉。予醉欲眠，天何言哉。乃作人入告云：'人从市来，竟有弹落西濠口。适雷殷电，时也其然。'"

4月23日，"今日本有文院之课。以此讲学，如居武城。心所谓危，今我往矣。舍馆未定，边燧已传。二人同心，张子③与我。各袖一卷，施于中林。蛇影鸟声，时来相侣。不知残春，尚在人间否？……亭午可以归，与人在中途。声犹在耳，进退维谷。俯仰皆非，伏莽菼丛。其声弥近，回驾岩穴。绝尘而奔，巨响激自西南，余威震于东北。地维为折，天柱亦倾，又不知断送生民几许。……甫饭又以警，告脚力不任矣。舁床夹书，横陈洞口。居然睡去，或误为羲皇上人。昏时可以消摇林下，折巾宽带行也。婆婆又传市谣，期以旦日摧毁学府。谁言者无罪，闻者足戒之条。尤以迁地为良，不能安于室矣。"

4月24日，星期天，相约早行，准备宿龙眼洞。此行除了张作人先生，还有化学系教授康辛元，康曾任化学系主任、理学院院长。"张子作人，辞楼偕亡。维时方指辰正初刻④耳。君子见机而作，虽云不俟终日，然不亦疲于奔命也乎。度长浜村⑤诣龙眼。犊鸣于岗，妇馌于野。藉田方忙，催耕盈耳。种瓜得瓜，种豆得豆。各尽地利，无违农时。举世间一切事功勋业，只此学稼学圃，乃应天顺人第一等事业。吾侪侈谈学理，蔚为文章。其所以异于市上之买空卖空者，能有几希。利科学以杀人，假哲学以泯性，大宙之乱所以终无已时也。行可十里，方及藩篱。"佩园主人董爽秋预知有客，"手栽园果，木瓜甘蕉。屋角枇边，薄言采之。以此待客，奚啻珍羞。语次时艰，凄然荆棘。燕云十六州之父老，冤霜夏零；辽卫五百里之畿郊，愤泉秋沸。"

5月10日，"念横舍所在，间于白云、天河两机场，近水楼台，池鱼可虑。杖靸而去，荒垒是问，榛莽蛇蝎，不暇计及矣。二更之后，蹑屩言归。空魄正中，室火有禁。与张作人坐牖下，话至夜分。我机敛翼，而严未解，要不能守旦矣。"

5月15日，"昏黄，与作人、荫圃诸子相羊⑥北阜南浦之间，亦闻呜呜，以为我王车马之声也。见舍中人出室奔穴，始知妙音发于空际。向例不以月未东上而来，是真环而攻之矣。幸去洞未远，窜伏其间。"荫圃指吴荫圃，网上只查找到1934年国立编译馆出版、H. M. Goodwin 著、国立中山大学吴荫圃和吕大元所译的《量度之精密及图解法概论》的线索，在与吴节微信聊天后才知道吴荫圃是他的亲叔叔，曾在中大理学院任教，新中国成立后调往东北林业大学了。

1938年5月底，祖父离开石牌避难于香港。1940年秋，国立中山大学再次奉命迁校，从云南澄江迁到粤北坪石。1940年11月初，祖父经惠州辗转抵达坪石，重返中大。1945年初，坪石沦陷，理学院从坪石的塘口紧急疏散至连县，祖父与张作人的名字都同在连县分教处的教师花名册中。祖父这次重返中大期间的日记大部分已失，在仅存的1945年3月18日—4月16日避难于湖南临武的日记中，祖父两次提及张作人先生托人来信至穷村僻壤。

抗日战争胜利后，祖父随中大理学院教职员工从粤北返广州途中失足坠水罹难，那天是 1945 年 10 月 21 日。1945 年 12 月《国立中山大学校报》专载了黄任初教授追悼会挽章，张作人先生挽联为：

先生擅文理，六艺之术，举国交推非独我；

归舟因更衣，坠水而死，万缘前定不由人。

1949 年编撰出版国立中山大学丛书《黄任初先生文钞》时，张作人先生是校长张云所委托的主要编撰者之一。

同年 7 月的一天，作为训导长的张作人先生因保护进步学生、营救教师被捕入狱，被关押了 50 多天。母亲回忆起那天的情景说："天刚蒙蒙亮，听到楼下有脚步声，从二楼窗户往下看，哇！有许多枪口已经对着楼上，不是便衣，是穿黄军装的军人。于是马上叫醒你爸爸，接着又听到上楼的脚步声……"张作人、严学窘等教授因保护进步学生被关押了，母亲在家里找些食品送去，看守的人要她当面吃一口才肯放行。张作人先生被释放后到海南、香港避居，1950 年，由上海市市长陈毅电邀回沪，任同济大学教授兼动物系主任。

10 多年后的 60 年代，父母与张作人先生相见于康乐园。张先生从上海出差广州，婉拒校方接待，不住黑石屋（中大贵宾招待所），而是坚决要求住到我家（东北区 34 号中）。这是一座岭南大学时期的别墅式平房建筑，我家约占一半，虽没有上宫，却有很大的阳台。而此建筑经近期修缮后成为现中大某机构的办公用房。那时，客厅面积还算大，既是饭厅，同时又是父亲读书会客的场所。因此，我们从不在客厅中玩耍吵闹，有同学来时，一般都在客厅外的阳台，或是在客厅后的小房间里一起做作业。现在脑海中还有当时的情景：张公公（与祖父同辈的我们都尊称为某公公）与父亲坐在书桌旁久谈，母亲则在房间内为张公公缝补衣物。客厅饭桌旁的铁床就是张公公的就寝处。不知父亲与张公公久谈了些什么，面对挂在厅事内祖父留下的对联："丙舍常留半耕地，子孙长读未烧书"，他们私下有说起祖父的事情吗？虽然那个年代还是很忌讳说这些事，但我相信有。

近年为了拍摄中大瓦当，我登过中大石牌旧址的若干座老建筑，包括天文台的上宫。还从新建筑更高的上宫俯瞰校园，此时祖父所说的上宫具体指哪一座楼的天台已不重要了。80 多年更迭，远近无数新楼的落成，树木的繁衍，"南东之区名城在焉，珠江一角入我凝眸"

之景，即使没有灰霾，在当年的上宫也已无从远眺。张公公与父亲先后离世于上世纪90年代，幸得祖父的日记清晰地记录了这段"天台情谊"。

2019 年 2 月 10 日初稿

2020 年 4 月 1 日修改

参考文献：

吕雅璐主编：《抗战烽火中的中山大学》，中山大学出版社，2017 年。

黄际遇：《因树山馆日记》原作第十二、十三册。

曾建屏：《追忆黄任初先生》，陈景熙、林伦伦编著：《黄际遇先生纪念文集》，汕头大学出版社，2008 年，第 169-178 页。

注释：

① 桓景避难：指东汉时期汝南桓景登高避灾智斗瘟魔的故事。

② 北江：指清代文学家洪亮吉。

③ 张子：指张作人。

④ 辰正初刻：约上午 7 点。

⑤ 长浜村：现长湴村，与当时设在石牌的国立中山大学仅一丘之隔，时属龙洞乡管辖。

⑥ 羊：同"详"。

国立中山大学新天文台（文明路校址天文台称老天文台），
落成于 1937 年，2013 年 11 月拍摄时为华南农业大学广东农村政策研究中心

2018 年修缮后的中山大学东北区 34 号（现为东北区 371 号），父亲的书桌就
放在最右边的窗后

158

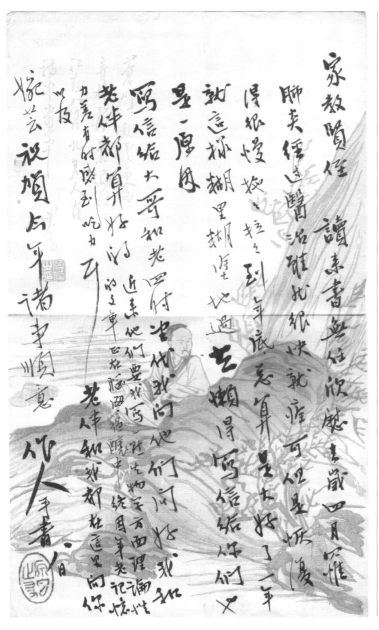

1978年2月，年近八十的张作人先生写给父亲的信。此时我家已经在全校住房大调整时搬到西南区75号（现已拆除）之五楼上，信中提及的大哥与老四应指我的大伯黄家器与四叔黄家枢。四叔当年从老家赴坪石就读中大附中高中部时，张作人先生陪祖父去车站迎接

维校有车 俟我于东门
校 车

东门，说的是国立中山大学文明路老校区附近的大东门，是广州老城八城门之一，拆除后至今仍保留的地名。1932 年至 1937 年间，国立中山大学在广州市东郊石牌兴建新校区，在很长的一段时间内，校车是绝大部分教职员往返新老校区的重要交通工具。

20 世纪 30 年代

祖父于 1936 年从国立山东大学回到国立中山大学时，编制虽属理学院数学天文系，却在工学院授"微分几何学""连续群论"二课，同时又在文学院中文系授"骈文研究""说文研究"二课。那时文学院在老校区上课，理学院、工学院则在新校区上课。祖父住在石牌校园内，因而乘坐校车往返授课成为日常。某一天，他"早餐后由西濠口四号车东行至旧校后门，改坐校车。候客良久，正午方抵校。"旧校后门就是大东门。候车、乘车，花了大半天，这段距离即使现在非高峰时段也需一小时以上，使得祖父时而能在"车中阅清人文篇"，时而却"人多于鲫，拥而后上"，甚至于校车上"仅容立锥，一生肃立让坐"。傍晚，他还会到老校区附近的龙藏街，在"旧书冷摊"中"说贾搜沙"，回到石牌后只能在校园外的农家大排档对付一餐。"思阅旧书市，折入萃经堂。将夕矣难辨书跗，急趁校车。东归村舍，牛羊下来，渔灯明灭。又蒙车尘之舞，谁疗臣朔之饥。既博劳薪，即以易米。村沽一饭，便了千钱。麦酒野蔬，饱餮自劳。""每逢星期之六日，后先疏附，相率下山。一车远来，从之者如归市，不争不得车。争之亦未必得车，习之既久。大学生徒，莫不身怀虎跃猿升之绝技，予凤视为畏途。"

1937 年至 1938 年间，广州遭日机轰炸，只要学校没有停课，"出门瑟缩"也好，"钟声报警"也罢，祖父依旧搭乘校车出现在两个校区的课堂上。11 月，"未曙不眠，出门瑟缩。维校有车，俟我于东门。辙迹所经，烛未见跋。宫墙在望，讲贯二堂甚矣。吾惫也。午饭未及饱，钟声又报警。偕林、胡、李三子指北而遁。托庇废垒之下，幽栖沟渎之中。历时十余刻，李仆来告'寇退'，乃入室斜倚以资小愒。""未晴趁校车入村，车中又闻报警。手挈行箧，欲行不前。天生德于予，安之可也。" 3 月，"春眠不觉晓。恁处吹到钟声一丁二当，隆中人依旧高卧，曾不反侧，繁声急撞，坎坎伐心，瞿然曰：吁，寇又从唐家湾来哉。天下无道则隐，大隐者其在金门乎。杂抽旅具，未整衣冠。趋守校车，往投嚣市。固为避地，亦为充枵。麤饭一瓯，二日来又成画饼也。"

20 世纪 40 年代

祖父与梁实秋曾共事于国立山东大学，梁实秋《记黄际遇先生》《酒中八仙——忆青岛旧游》等文，记载了祖父与他及其他同事、旧友交往的许多细节。而梁实秋另一篇《平山堂记》中有一段搭乘校车领工资的精彩记录："平山堂者，广州国立中山大学城内教员宿舍也。我于一九四八年十二月避乱南征，浮海十有六日，于一九四九年一月一日抵广州。应中山大学聘，迁入平山堂。……平山堂多奇趣。……有时候，一声吆喝，如雷贯耳，原来是一位热心人报告发薪消息，这回是家家蜂拥而出，夺门而走，搭汽车，走四十分钟到学校（石牌），再搭汽车，四十分钟回到城里，跑金铺兑换港纸——有一次我清清楚楚记得兑得港币三元二豪五仙。"

曾同住中大九家村的儿时好友周显元，在她的《文明印记》中也有生动的描述："妈妈提过 20 世纪 40 年代末的情形。那时，市面混乱，物价飞涨，气氛紧张，大家都在抢购食品和日用品。取代金圆券的银元券急剧贬值，几乎成了一堆废纸，中大的教授们要提个皮箱去装薪水。爸爸从石牌校区回来，一下校车不敢回家，直接提着成箱钱跑步去换米，迟些大袋变细袋，隔夜就可能换不到米。据哥哥说，不少教授及家属甚至在文明路校区门口摆摊，出售家中暂时不用之物以应付生活所需。网查，那叫'国立中山大学教授活命大拍卖'。"周显元父亲周誉侃曾任中山大学物理系主任，当时住在文明路校区的北斋 4 号。

近期与母亲一起翻看《中华民国二十四年国立中山大学现状》（复制本），看到两幅中大牌坊的照片，母亲说："西门是校车必经之路，从那里经沙河再到大东门。南门那边比较偏僻，铁路在牌坊的后边，离教职员宿舍也远，但偶尔会领着你大姐小苹在那里捡松果。"我曾从南门牌坊起步，步行到体育馆、文学院、法学院等，最后走到西门，边走边拍照，一天下来好累。1945 年抗日战争胜利，学校复员，1946 年度新生招生报名人数剧增。《抗战烽火中的中山大学》中记载："1946 年 1 月 11 日，学校恢复了石牌和平山堂之间的校车……为解决在石牌考试的考生的交通问题，学校与粤汉沪铁路管理局广州段商洽，考试期间每日上午 7 时至 9 时安排 3 列火车从市区大沙头车站开往石牌中山大学南门，下午有 5 时半起由石牌南门开往大沙头。"

20 世纪 50 年代

父亲黄家教退休时是中文系教授，在整理父亲遗物时，我看到了父亲的两份中山大学的聘书。一份是 1950 年 9 月他被校务委员会聘为校车管理委员会经理室副经理，月薪米四八零市斤；另一份是 1952 年 2 月他被调聘为总务处秘书。原来父亲是 1955 年才归队重返自己专业的。母亲回忆起此事时跟我说："你爸爸总是跟着最后一班校车，深夜才回到石牌，车房就在体育馆的后面。你们都睡了，我在灯下缝补衣服，听到汽车喇叭响，就知道你爸爸从市区回来了。到家后，不管天多冷他都要洗个冷水澡。"也记得父亲曾说过："住在石牌校区的人在市区看戏（含电影）只能看大半场就要离场，不然赶不上最后一班车返校，若看全场，就要在市区投亲靠友了。"

原广东省方志馆馆长林子雄与油画家曹讃同在文明路的西堂（西堂原是中大老校区的教员宿舍，后为广东省实验中学教员宿舍）长大，他们幼儿园老师中就有好几位是中大教授的夫人。据他们回忆，小时候看到人们候车回石牌校园，车站就在大东门东平大押后面，那个车站持续到"文革"期间还在。

1952 年全国高校院系调整后，中山大学从石牌迁至康乐园。如今，中山大学已是三校区五校园的大格局，校车往来的距离更远了，深圳校区、珠海校区、广州番禺大学城东校园……

写于 2019 年 12 月 3 日

左图：引自《中华民国二十四年国立中山大学现状》

右图：2015年1月28日拍摄。左右两边的牌子分别是"华南理工大学""华南农业大学"

本校南门

左图：引自《中华民国二十四年国立中山大学现状》

右图：石牌校址西门现状，摄于2018年1月13日

本校西门

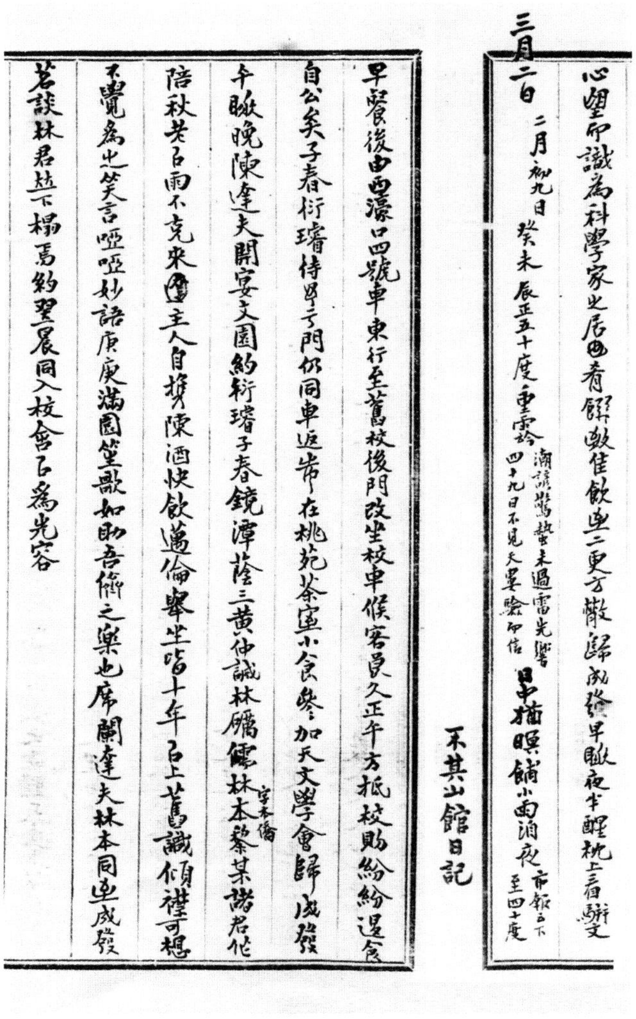

1936 年 3 月 2 日所写日记原稿

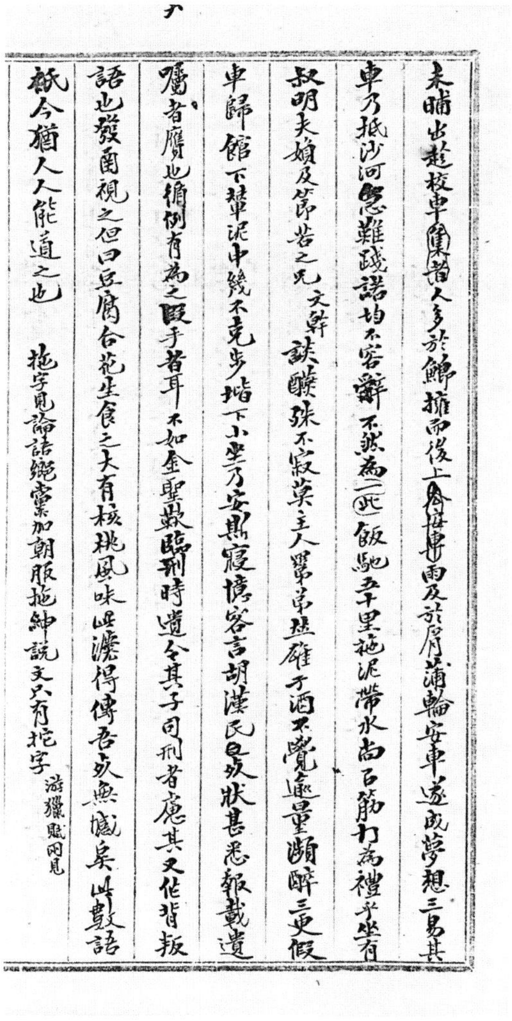

1936 年 5 月 13 日所写日记原稿

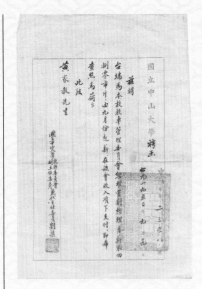

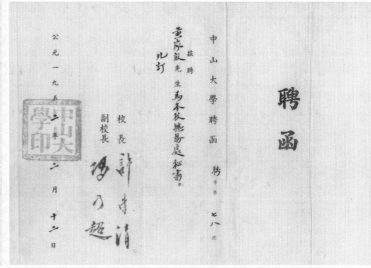

1950 年 9 月，国立中山大学校务委员会聘函

1952 年 2 月，中山大学调聘函与聘函

20 世纪 50 年代初，中山大学校车管理委员会组织员工郊游时合影。后排左二起为父亲黄家教、二姐黄小芸、母亲龙婉芸，前排左一为大姐黄小苹

爰西行北粤 又是逆旅之人
坪石记忆

祖父于1936年2月坐船离开青岛时，其写的日记由《不其山馆日记》改名为《因树山馆日记》，是取黄氏在澄海的家塾"因树轩"之名。出自《后汉书·申屠蟠传》的典故"因树为屋"，意为依树架屋，喻指隐居乡野。宋代朱熹的《答黄子厚书》中亦有"世间群小，无非敌国，便能因树为屋，自同佣人"的记载。如今幸存的《因树山馆日记》只有15册（1-5,7-16），该日记第1册始于1936年2月13日祖父离开青岛的那一天，第16册则讫于1939年7月26日，祖父仍羁留于香港避难期间，因此这15册日记是祖父第三次服务中山大学及避难香港时的记录。在1949年8月出版的国立中山大学丛书《黄任初先生文钞》中，保留了祖父写于1940年11月7日（庚辰立冬）的《因树山馆日记第十九册·序》，其中记录了祖父第三次重回中大的历程："爰西行北粤，又是逆旅之人。吾观先生，何为危城之中，窃知公子，早有四方之志。"祖父是经惠州、韶关到达坪石的，途中的曲折艰辛文中有叙："乃脂车辖，载裹糇粮，走马来朝，刺舟宵夜。亦问津于沮溺，揸指路之牧童。乞火僧寮，受殡饐馁。夜行昼伏，遇饥鹰之退飞；微服绝粮，遭野人之与块。每念王室，敢惮驱驰。深谢斗杓，照人行役。所经辙迹，东坡此地即西湖；言溯曲江，南海有人瞻北斗。朝云墓下，嗤绛桃之不果来；风采楼前，拜白沙而不忍去。武水清且涟猗，庾岭险殆绝分。深山大泽，实产龙地。"由此可以推测，遗失第17、18册日记，也就遗失了祖父从香港到坪石的具体经历；第19册之后的遗失，也就是缺失了祖父1944年之前在坪石的具体经历的记录。而另外幸存的《山林之牢日记》（起于1945年3月18日，讫于1945年4月16日），则是祖父在坪石沦陷后，避居湖南临武时期的记录。

抗战期间，中山大学先搬迁至云南澄江，后迁到广东坪石。坪石镇在乳源县的北面，靠近湖南的宜章，被认为是"粤北的粤北，湘南的湘南"。近期看到了"三师"志愿者团队、广东省文物考古研究所、华南理工大学和中山大学的多位教授在坪石中山大学校舍遗址调研的信息，日前更有来自《南方日报》关于"中大天文台遗址现身韶关坪石"的报道，勾起我重翻史料的欲望，期许以细节的填充，弥补因日记的遗失而断裂祖父这段经历的遗憾。因为那时除了祖父，我的外祖父、我的父母等家族中好些长辈都曾羁留坪石。

细节的填充首先来源于今年96岁高龄的母亲，近些年她常会在看到电视等媒体中的某

风采楼位于韶关市浈江区，是明代弘治年间韶州知府钱镛为纪念北宋名臣余靖而建

明代学者陈白沙所书"风采楼"镌刻成石匾高挂于门楼。2020年11月2日拍摄

个画面，或听到亲朋好友们聊天的某段对话时，思绪就飞回当年，冷不丁开启了回忆阀门。我已经习惯于在这稍纵即逝的瞬间立即打开手机录音，这其中就有坪石记忆。

1943年，我的父母同时考入中山大学文学院，他们第一次交往是为了交作业。母亲在篮球场上找到正在投篮的父亲，和父亲一起探讨交作业的事。后来他们常在铁岭公路一道人来人往的木栏杆旁见面聊天。文学院不同于其它学院租借当地的祠堂、民居、旧厂房办学，而是在铁岭的山坡上，以木头、竹子、树皮和泥巴为主要材料搭建了临时教室与宿舍。四根木头或竹子埋在泥地里，然后将两条长木板放在上面，高的是课桌，矮的是板凳。宿舍空间有大有小，小的两人一间，大的几十人一间。母亲说新生不分系住在大房间，每两张架子床并排，中间过道很窄，没有桌子；小房间则早被高年级的师姐们占满了。不过一些机灵的新生很快就打听到哪个师姐快要毕业了，并约定等师姐们一搬出，自己就立马搬进。

每逢周日，学生们从四面八方聚到坪石老街，一方面到校本部看看有什么公示，另一方面就是逛逛街。母亲让我猜猜什么铺面热闹，我猜是小吃店吧？其实是当铺！战时许多学生得不到家人的接济，学校给予的津贴有限，只好将随身物拿到当铺去，特别是港澳生。有一次，父亲与几个同学逛街，将自己的一件衬衫给当了，换回了牛肉。回到学校后让伙房的人帮忙加工，几个同学一边吃一边打趣地说："哈哈！吃掉衣领了。""哈哈！吃掉一只袖子了。"在国立中山大学坪石办学旧址，许多学院都能找到一些痕迹，但在铁岭，文学院的痕迹几乎是荡然无存。

铁岭下武江边渡口远眺。2020年11月1日拍摄

其时，我的外祖父是广东省银行顾问，一家子也疏散到了坪石。其中有一个舅舅就读于中大法学院经济系（在武阳司），有两个舅舅在读中学。外公一家在武江边上的塘口村

赁屋而居，母亲因此学会了游泳，当然也离不开她哥哥的功劳。母亲的一位女同学胆子小，怎么也学不会，母亲就指着那些戏水的孩童（都是学校教职工子弟）说："看看人家，原来都不会，现在能游到对岸了。"接着母亲甩下同学，自己一个人游到了对岸。坪石接近湖南，冬天气温很低，每当寒冬季节，当地人会随身提着传统的火笼暖手暖脚，到现在当地还留有这样的传统。可这些从港澳、珠三角来的人们却连越冬防寒的衣物都很少，特别是裤子、鞋子。一到冬季，母亲的小腿和脚上长满了红红的冻疮，又痛又痒，用粤语中那句"上面蒸松糕，下面卖凉粉"的俗语形容这就非常贴切和形象。母亲他们冬季仍坚持游泳，大姑娘穿泳衣游泳，被当地人当作怪物般围观。

村子里家家户户都没有厕所，更没有公厕。母亲一家靠在坪石老街买回来的瓦盘躲在屋里拉屎拉尿，然后倒在屋外的木桶里，非常不便。粤北山区，木料、竹子多且便宜。于是一个读高一和一个读初一的舅舅跑到坪石老街买料，然后顺着武江游泳运回塘口。凭借从一个也是从澳门过来的工学院的男同学那里借来的一把锯子和家里仅有的一把水果刀，短檐矮屋下出现了有顶遮头的厕所与冲凉房，虽简陋却解决了大问题。

那时，女学生不论冬夏大都穿旗袍。随着年龄的变化，身体的发育，衣服慢慢不合身了。于是她们自己动手，有的将较长的旗袍下摆剪下一小段，有的则找其它旧衣或碎布料，将原有的旗袍两边加宽，这样的服饰一时成了女学生的时装。妈妈则认为是吃生花生、生红萝卜才长胖的，因为这两种食品最易得。烤花生好吃，但价格稍贵一点，吃生的省钱呀。母亲还记得从镇上买过老虎肉，证明那时当地还是有老虎存在的，而母亲一家都觉得虎肉很腥，便不再买。

1945年初，坪石沦陷，中大再次疏散，校方通知文学院迁粤东。因学校没有统一的组织，于是父母亲与相熟的同学相约一起出发。在路上，他们整整走了四十天，然而期间只有三天能见到太阳，其余不是下雨就是下雪。也没有雨伞等可遮挡的用具，一件衣服从干到湿，又由湿变干。雪深的程度，要专人铲雪才能让银行的汽车通过。他们长途跋涉，为求轻便，行李只带一床棉被，带不了枕头，更带不走书，万一还是觉得重，连棉被都得丢掉。因为当时沿路都是别人丢弃的棉被、衣物、鞋袜，想要也可以随时随地捡起来。他们沿途借宿民居，或者露宿街头，如果能睡在小学课室里拼起来的桌子上，那就是最舒服的时候。当地人舍不得借油盐给他们，只能吃又苦又涩的大芥菜。如果路过了接待站，就可以领取一些沙谷混杂的米。要是遇上了乡下趁墟的时候，他们就买一点点肥肉来榨油，算是有些油水了。

到了老隆后，终于见到了中大正式的接待站。他们那晚住在客栈里，大家围着火盆捉虱子，因为已经四十天没有洗过澡了。这几人中除父母外，年龄最大的是父亲的表哥蔡浩卿，他当时是中大医学院的学生，据说当时医学院要念八年。新中国成立后他曾任广州红十字会医院放射科主任，抗美援朝期间作为中国人民赴朝慰问团成员赴朝。最小的叫岑熙，才刚入学不久。还有梅昭宁、黄大同，剩下一个母亲怎么也想不起他的名字。其实他们本希望坐一程火车的，到乐城车站一看，铁路已被烧得只剩两根铁轨了。眼前这一幕让他们打消了坐车的念头，坚定了步行的决心。

吃过老虎肉的舅舅们之后的人生轨迹千差万别，不敢说成就一番大事业，但性格都独立坚韧。一个只身到云南从军（新一军）当翻译，一个选择以牧师为终生职业，最小的一个则是远洋轮上的大副。现在想想，他们的胆量与耐力应当与坪石的历练有关。

祖父所在的理学院就在塘口村，现在村里的朱氏宗祠前有一块"国立中山大学理学院坪石旧址"的牌子，下面写着院长与各系主任的名字：院长康辛元、数学天文系主任黄际遇、生物系主任张作人、天文台张云等等。

朱氏宗祠前的"国立中山大学理学院坪石旧址"牌子

祖父开始是住在坪石老街的，后来才搬至塘口。因两位亲家当时未有往来，所以母亲与未来的公公从未谋面，也没见过就读于中大附中、后考上中大理学院生物系的我的四叔黄家枢，以及就读于中大理学院数学天文系且后来成为我姑丈的钟集。母亲与他们的首次见面是在抗战胜利后，各自从粤北、粤东返回广州石牌中大校园时。

2018年的某一天，母亲到中大校医院看病，遇到许崇清（三次执掌中山大学的老校长）的儿子许锡挥先生。许先生突然问："你有个弟弟叫龙文干吧？在中大附中时，他读高中，我读初中。"当初十几二十岁的年轻人，现在都已是八九十岁的耄耋老人，事情都过去七十多年了，才知道过去、现在的距离是如此之近。正是这个缘分，许先生在我拍摄的中大瓦当图上，挥笔写下了"屋檐下故人往事知多少"的题词。许锡挥的故事被装进了他的自传文集《广州伴我历沧桑》中，文集中有一张茅棚背景的照片，与我父亲相册中的一张照片的背景一模一样，相信这两张照片是同一天出自同一个摄影师之手。20世纪70年代初，在坪石天堂山的中山大学"五七干校"，他们同在茅棚穷檐下共同度过了一段艰辛日子，不过这是另话了。许锡挥与我这个舅舅相识并非在坪石期间，而是在抗战胜利后的广州文明路钟楼的屋檐下。

塘口村国立中山大学理学院驻地罗家门楼。2020年10月30日拍摄

1945年10月，祖父与中大理学院师生同船从连江南下而返，但他却没能共同进城入校园，

而是在途中的清远白庙意外溺水离世，他"四方蹙蹙"却"四方之志"的"逆旅"步伐永远停下了。外祖父龙思鹤写下挽联：

儿曹称夫子多能，塘口胥宇有时，室迩人邀徒仰止；
朋辈得复员稍慰，峡外断帆不返，江流石转太灵空。

从中可知，两家人的长辈近在咫尺却也咫尺天涯，外祖父只是从儿辈们口中听说"夫子多能"。几十年后舅舅隔洋电话与母亲聊天时说："我地见过，咪系朝早返学时成日见撞到果个老坑啰。（粤语）"从祖父的日记中得知，他一早一晚都爱出门散散步。他又何曾料到，在坪石塘口清晨散步时遇见的那个顽童，日后会与自己儿媳相关呢？表姐龙梦凝一直在整理她祖父（我的外祖父）的诗集等遗稿，最近从美国电邮发来了两篇与我祖父关联的诗篇，均出自外祖父龙思鹤诗集《枯草集》。

黄任初先生虞祭

武水楼前渡，清晖时可遭。刺怀神外友，舻膝梦中劳。
才调过筑客，芳踪问楚骚。东流百派汇，传后有英髦。

黄任初先生名际遇，为名孝广。毕业芝加哥大学，得天数系硕士学位。蒙教华北大学，有声于时。先生博学多能，经史词章各擅胜场。余在乐昌坪石，儿女数学中大。所在塘口，衡宇在望，而书声相闻也。

复员时，先生乘船至清江溺死，士林痛悼。其哲嗣家教具遗著见示，有越缦堂作风。归葬澄海龙田故里。明年一月十三日，家教告余以将归为先生举行虞祭，遂书此章致敬。

注：华北大学应为一个大的概念，并非具体指某所学校。虞祭即葬之后的祭祀。

题萧锡三家传长卷

恍披越缦词人记，喜有中郎传后文。
生长是邦为邹鲁，就呼儿女拜河汾。
一官早负西园袚，尺锦长垂东里芬。
爱诵眼前真实语，愧无健笔可酬君。

萧氏家传本为黄任初姻丈许予撰述，不幸身溺清江。邹丈海滨南归时徇萧锡三教授之请，传成，属求书于余，复惓惓于黄丈之宿诺未偿，乃向其公子家教检其先君遗札，并入卷后，同付装池。既为之书长卷，复遍征题记，以扬先芬，感其孝思再补题此。

注：姻丈即对姻亲长辈的尊称；邹丈海滨指中山大学第一任校长邹鲁；萧锡三时任中山大学先修班主任。

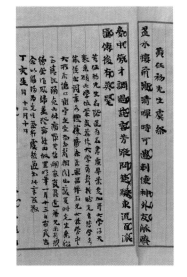

在这短短的诗中留下的信息或许有限，幸好有母亲的口述让后人得以联想。在整理祖父日记期间，母亲一再推荐两本书给我，即《旧世新书——盛成回忆录》与《盛成诗稿》，都是由盛成的夫人李静宜通过中山大学历史系教授李坚，分别于1997年、2000年转赠予我父母的。如今细读，探寻从字句缝隙中流出的祖父在坪石、连县三江时期的丝丝痕迹，并成为这段记忆的来源之二。

《旧世新书——盛成回忆录》中的一段，记录了1944年盛成从国立广西大学（广西融县）辗转到国立中山大学（广东坪石）上任，之后又为学校讨薪，以及1945年初坪石沦陷时带着老婆、孩子及小狗逃难的历程。盛先生回忆道：

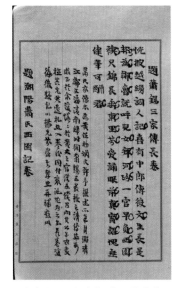

选自龙思鹤诗集《枯草集》
原稿

我看到桂林形势不好，加上中山大学又拉我很厉害，我便决定离开桂林。

4月3日，我离开桂林前往中山大学。我们坐一辆大车出来，从学校到良丰镇，学生们一路放鞭炮欢送我。我们由桂林到了衡阳，又由衡阳到了韶关。

当时中山大学在广东与湖南交界处的坪石镇，属于湖南宜章县，位于武水之边。武水又名溱水，溱即秦水之意。是否秦始皇派兵通过粤岭，沿秦水下达韶关，攻克广州，可供学者研究。古书上讲，秦始皇是由湘水到漓江，再由漓江下去的。但根据溱水的含义，可以推测秦始皇并不只是从漓江一路攻克广州的。

中山大学位于坪石镇的中心。文学院在通往车站的路北，理学院在武水西岸，法学院在理学院北边5里的沙坪坝。法学院对岸是工学院，师范学院在乳源（陈公博的故乡），医学院在乐昌，农学院在宜章的笠源堡。

我们到坪石车站时，法学院政治系助教刘显琳来车站接我们。我们同他一起住在一个人家里，不久搬到了对面路东小山上的一间大房子里。那儿原来是中山大学先修班的住处。

下午，社会系主任兼法学院院长胡体乾、经济系主任梅龚彬、政治系主任万仲文来看我，并让我当法学院的教授代表。

开会那天，代校长金曾澄、教务长邓植仪、老教授代表黄际遇（号任初）等都来了。黄际遇是广东潮州澄海人，他致欢迎辞。说："我们费了九牛二虎之力才把他请来。我们这个学校是从'学海堂'下来的，'学海堂'是他的先人手创的，我们希望他不要辜负他的先人。"我说："我虽然出身汉学家庭，但从小对师承和家学观念不强。我所遇到的有学问的人都已过去了。我真正接触的东西不深。所以谈到家学渊源，我很惭愧。谈到师承，我的外祖父的外祖阮元被人称为'仪征相国'，我没有见到，我的外祖父是民国二年去世的。我希望你们教我。尤其是黄老师，他是大家的老师，也是我的老师。希望他多鞭策我，不要让我顶一个大师之名而无大师之实。'学海堂'四变而成为今天的中大，《十三经注疏》在南昌刻版，后在广东印行。现在的中大，尤其文学院，还是过去汉学的大本营。"

我讲了"学海堂"与"诂经精舍"的不同。阮太傅在浙江时，在孤山办"诂经精舍"，供的是许慎的牌位，以"小学"为主。来广东时，他认识到"丘陵学山，不至于山；百川学海，而至于海"，学问不仅要专，而且要通。"诂经精舍"对宋学没有沟通。"学海堂"时期，汉宋兼包，不偏于汉，也不偏于宋。不但把讲汉学的江蕃请来，也把讲宋学的方东树请来。有本有末，先专后通，可谓近道矣。

目前暂时没有资料显示祖父之前与盛成先生有何交往，但坚信盛成先生从国立广西大学移馆国立中山大学，祖父是重要推手，因为在盛先生的诗文中对此事有所提及。

盛先生为学校讨薪之事，连作为文学院学生的母亲都听说，可见当时其影响之大。

我去中大的时候，学校的经费十分困难。当地只有一个交通银行办事处。办事处主任是江苏泰州人，名字杨濂。他的舅舅李中楚从前是江南商业学堂的，与我先兄盛白沙同班。于是，学校校务会决定由我出面解决学校的经费困难。见到杨濂后，他建议我打电话给李中楚，由重庆把中山大学的经费汇到桂林，由桂林转过来。他又让我打电话给桂林"行营主任"李济深，让他派宪兵押车。联系好后，由校方打电话给教育部长朱家骅，朱又打电话给李中楚、李济深。

一天，车队到了，大家十分高兴，所有欠薪都发下去了。

1944年夏，日寇逼近坪石。1945年初，坪石沦陷，师生星散。祖父避居湖南临武，在五地坪（屋地坪）一座不靠山村，周围全是树木荆棘的孤立小泥砖屋写下了《山林之牢日记》，当中未提及身边有亲人。当时父母亲也听从文学院的安排，与同学数人一起逃难到梅县报到。其实有亲人一起逃难的就有盛先生，他们一家五口，小儿子才一岁半，妻子被日本人拦截盘查，东西被抢走，陪伴家人奔走的小狗也在途中被人杀了吃掉，一路上翻山越岭，担惊受怕。与外界信息几乎隔绝，没有亲人在身边的难免触景生情，牵肠挂肚。盛先生文中虽未具体提及我的祖父，但道出的许多细节，让我们这些后人深知，祖父作为此整体中的一员，经历应是同样的艰辛：

日本人打通韶关后，因学校靠近铁路不安全，决定搬迁。学校太大不能搬到山里，我们商议把大多数学院搬到连县的三江，农学院搬到笆篱堡。其他学院由各院自己选定。结果全校分成三处，校本部随医学院、工学院向东，文学院、法学院、理学院、师范学院、工学院一部到连县。

这时已到1945年阴历年，我们没想到日本人会在过年时下来。十二月二十九日下午，我们到一药铺打听消息，老板熊十全说："敌人说不定就要来了。"回来后，大家决定除夕这天清晨出发。

当时，校警600人跟着我们一起走，眷属有二三百人。我走在前面，背着小儿子，手里拿着拐杖，还带着农学院教授送给我的狗。走到武阳岗（又叫武阳司）时，我看见石头十分光滑，似有无数铁蹄踏过，感到情形不对。这时村里的人跑了出来，说敌人一早过去了很多，往坪石去了。他们看见我们来，以为日本人又来了，十分惊慌。我告诉他们我们是中山大学的，让他们不要慌。我带着全家五口人和一只狗下了山岗向北走，到了农学院后，我见到了农学院院长、中山大学教务长邓植仪，还有谷物专家林颖、林业专家侯过。我告诉他们敌人已到了坪石，邓植仪让我赶快到南岭西南的薛家水去。

……这时已到了年关了，我和大家开玩笑说："过去有人折了梅花便过年，我们是关门洗脚便过年。"

年初三，我同中大的两个人到翁源（编者注：此处可能笔误，应为乳源）师范学院，告诉他们坪石已经沦陷，我们到了薛家水，过几天还要往南。

正月初五，妻子静宜和赵却民教授从薛家水回坪石，拿留在那儿的书和稿子，回来时，二人在庚口休息。庚口是敌占区和游击区的交界处，日本人每天早晨八点出来'打捞'，找东西吃。二人正休息，日本人出来了，把他们的担子翻得一塌糊涂。一个日本军官模样的兵过来按按静宜的头，让她不要动。因为怕游击队来，日本人拿到抢到的东西匆匆跑了。之后，静宜他们才敢出来，把剩下的东西挑了回来。我因不放心，从薛家水迎出去，在路上碰见了他们。

……阴历正月十三，大队人马从薛家水到了笆篱堡。笆篱堡在南岭里，是到连县途中最大的一站。……第二天一早到了连县，午饭后，我们出连县西门向三江进发，下午四点钟到了三江。

几天后，我们的狗不见了，被隔壁的人家吃了狗肉。这只狗同我们一起逃难，是我们的难友，家人对它的感情很深。

盛先生文章中关于坪石的记述是以祖父随口而成的一首诗为结尾：

三江盛二客邸寿李静宜女史三十初度

六十言诗已最迟，我乃六十未言诗。垂老投荒湖广道，湘流庾岭挹欹奇。

如此江山无一字，恨不早下十年帷。更遇仪征盛老二，上下今古如然犀。

儿女成行稿满箧，落叶半床墨成池。校书有人曹大家，涿县女史李静宜。

不烦十吏就之写，何止三绝撑肚皮。弹筝偶唱大江东，双柑斗酒听黄鹂。

年来饱经沧桑变，目无六鹢与千骑。子舆谓之有分定，李耳亦曰守其雌。

谈笑座中尽鸿儒，为天下谷天下溪。术者多言岁在酉，三十不死入坦夷。

吾侪度世别有道，女史尤为吾党师。荆棘丛中无芥蒂，平平王道凭驱驰。

连肩诸子题我言，言之可信有若斯。缀成长句无诗律，聊许鲰生放厥辞。

澄海黄际遇口占

北京语言学院教授王金怀1987年为此诗注释："'盛二'即盛成。……三江，广东连县连南。1944年，日本帝国主义进攻韶关，中山大学疏散到仁化、三江等处，盛教授到三江。1945年日本投降，黄先生从临武到三江，在为盛夫人李静宜祝三十岁生日时乘兴写作此诗，亲笔题写为横幅，不久在北江堕水蒙难，此诗为其绝笔。……黄先生自称'六十未言诗'，然此诗深沉古朴、雄奇壮丽，可谓不鸣则已，一鸣惊人。"

2000年出版的《盛成诗稿》，北京语言学院教授阎纯德为其撰写序言与后记："《盛成诗稿》是86岁的盛太太李静宜女士从盛教授的各种凌乱遗稿中翻拣出来的历史岁月，她冒着酷暑，历时数月，把已经褪色的潦草字迹，一笔笔誊抄下来，然后又从美国，跨越太平洋，在北京自费出版。"

1996年12月26日，生于1899年的"世纪老人"盛成，默默地走完了传奇而漫长的人生旅程。作为"辛亥三童子"之一，他12岁时被孙中山亲自接见；与周恩来、许德珩等结为同志，是五四长辛店京汉铁路工会救国十人团联合会会长；他因《我的母亲》享誉法国文坛，与世界文豪瓦乃理、萧伯纳、纪德、海明威、泰戈尔等成为挚友；他曾作为李宗仁特批的战地记者奔赴前线，采访台儿庄战役；他76岁时被法国政府誉为"活着的最后一位达达"；他"九一八"事变当晚遇见张学良；他奉命暗查故宫盗案；老舍为他准备的追悼会成了欢迎

会……盛成传奇的一生无法简单概括,薄薄的《盛成诗稿》竟藏有十余首与中山大学,与坪石,甚至与我祖父有关的诗文:

甲申端午前夕贺黄际遇教授六十大寿

潮流往后不堪闻,声入心通请君寿。

艾壮韩汀惊岭客,蒲安平石外溪云。

思家怕过他乡节,饮酒有孚靖塞氛。

醉后自寻仙境路,六经数理妙斯文。

1944 年作于广东坪石中大

挽李约瑟

中西文化史,世界难一人。

剑桥留约瑟,尼父造乾坤。

赤县富遗产,赖君多回春。

家藏万卷书,身洗万里尘。

甲申坪石会,烽火武水滨。

弦歌黄际遇,学海裔相亲。

胜利已在望,谈笑在新民。

忽听君作古,令人难认真。

尼父三不朽,百果万千因。

九六叟 盛成

注:1944 年秋天,李约瑟由重庆到韶关来看我。那时候我在坪石中山大学任教,特约数天系主任黄际遇老师等教授一齐来欢迎他,我的妻子儿女们也有参加。坪石街一茶馆,在武水之旁,秦始皇曾过此,那时抗日战争胜利在望,大家席间谈笑风生,那年李约瑟 44 岁。事隔半个世纪,今朝(1995 年 3 月 26 日)忽闻约瑟作古,不觉惶然泪下,对此一代人物,谨以俚句挽之。

尼父:孔子死后,鲁君称他为尼父,李约瑟英文原为 JOSEPH NEEDHAM,应译为尼约瑟,我一如鲁公挽孔子,尊称他为尼父。

唐口遇敌寇竟遭微殃

人日背儿走岭道　芭篱堡达日昏黄
未来农院将迁此　周丈护校曾商量
我去周家拜老丈　深情礼遇念衡湘
村前长河桥上走　月出沦区照江乡
中元佳节三江去　同氏谷扶越桂阳
沿途墟场息儿郎　日落下达东河镇
连江自此可通航　大队登舟乘晚潮
聚餐船头庆灯节　权捞江月作元宵
翌晨舟泊连县城　忙去参观梦得陋室铭
午后二时出城去三江
四时到达镇中央　由家往北去看何春帆
总务长配我两宅院　南厨对户又门当
安居暂享天伦乐　爱义犬不幸竟亡
到处寻觅儿悲伤　追踪远至狗王商
奈何已葬北邻肠　幸喜两家隔街邻
望街对架问早晨　心迎相亲日日新
乱世知交天涯人

注：唐为笔误，应为"塘"。

甲申除夕坪石沦陷流亡至宜章薛家水深山中作

祭诗无火度寒年，回忆儿昔压岁钱。
洗足关门高枕卧，怀儿患疟抱愁眠。
腹中无稿饥肠转，梦里还乡爆竹旋。
一片琉璃新世界，山林复旦百滔天。

诗挽黄任初教授

燕山粤岭夜漫漫，岱山辛酸湟水寒。

携手烽烟如昨日，伤心生死在回澜。

交逢患难怜知己，恨作文章好盖棺。

学海风神猿鹤伴，广陵清远客中弹。

注：黄任初抗战期间在广东落水牺牲，曾任河南大学校长。

乙未九月望后乙日
为黄任初教授逝世十周年诗志纪念

十年如梦一场留，令我难忘岱出头。

来段梅兰芳独唱，说声黄老师千秋。

天文数理教骈体，汉学精神识五洲。

花甲言诗成绝笔，招魂海角月悠悠。

重阳为余妻静宜三十初度，老师以诗寿之有云"六十言诗已最迟"诗遂为绝笔七古绝妙。

参观中大中山纪念馆感赋

当年童子白头郎，革命读书两未亡。

坪石执鞭逢际遇，中山陵北弄潮昂。

注：澄海黄老师际遇，字任初，数天系主任、教授兼文学院教授，召余来中大者。

翻阅《抗战烽火中的中山大学》，1945 年 12 月的一个月间，竟有两次追悼抗战死难员生的仪式。12 月 15 日上午，学校在文明路附小礼堂举行抗战死难员生追悼会；12 月 23 日，学校潮汕籍死难员生善后委员会举行了潮汕籍死难员生追悼会。抗战胜利，本该欣喜若狂，但返校路上却悲剧连连。祖父乘坐学校租用的大木船从连县出发，10 月 21 日途经清远白庙时坠水遇难。从汕头启程的"祯祥"轮，因严重超载，又遭遇风浪，10 月 28 日在离香港 9

公里的海面沉没，遇难的 200 多人中有 47 名中大师生。林莲仙先生在哀悼老师之时，又闻痛失姐姐惠仙，弟弟本栻、本朴的噩耗。林莲仙撰写的《缅怀黄任初师》刊发在《汕头文史（第 9 辑）·潮汕教育述往》。

　　祖父在坪石时，起初在坪石街租赁了一层黑暗而又狭逼的 2 楼，业主是一个名字叫做永久的年轻人。之后才搬迁到理学院所在地塘口，继续赁屋而居。林莲仙当时是中山大学一年级新生，说："自 1941 年 3 月 12 日开始，我便正式成为黄际遇教授的学生。"其父亲与我祖父是挚友，祖父离开香港赴坪石前，他们设家宴为祖父践行，他的母亲、姐姐和弟弟们均在场陪同。祖父每周都要到新生部上课一次，从车田坝新生部到坪石街前后数十分钟的路程，林莲仙常迎来送往，一是完成其父亲的嘱托，二是乘机讨教。祖父时常将当天或过去日记中的佳句，朗读给学生们听，并解释其意义。林莲仙记得有一次，祖父偶记起他自香港来坪石时，经过韶关风采楼，于是，当晚的日记便写下：朝云墓下，嗤绛桃之不果来；风采楼前，拜曲江而不忍去。因为这一骈句，他立即联想诵读他经过惠州西湖所见朝云墓前的联语：从南海来时，经卷药炉，百尺江楼飞柳絮；自东坡去后，夜灯塔影，一亭风月冷梅花。后来，林莲仙路过惠州时还特意前往朝云墓，见证任初师过目不忘的记忆力。1944年夏，林莲仙因成绩优异，祖父推荐其为师范学院中文系助教，但因战乱，此事未竟。不久日寇打通粤汉路，学校紧急疏散。林莲仙往西任教于怀集县立中学，她在师范学院任教的姐姐，以及分别在工学院、医学院就读的弟弟随众东逃梅县，她的任初师随理学院急迁连县后避居湖南临武。师生间、兄弟姊妹间的匆匆之别竟是永别！

　　1922 年，祖父从美国留学回来后曾一度在广东高等师范学校任教，第一次走进文明路大钟楼屋檐下。之后的 1926 年、1936 年两次回到此地执鞭，却于 1945 年在此地被后人追思。追悼会上，容肇祖教授撰联：

粤海痛沉珠山河已复钟簴犹存只恨再生无术
同门伤益友骅柳未聘骏骨先收堪念百年树人

　　母亲的回忆是跳跃的，盛成先生的诗文是凌乱的，加上有限的缅怀篇章，只能说这些是历史长河中的碎片。正如阎纯德教授在《盛成诗稿》后记中所说的："这些诗稿多属随写随扔，他本人并没有给予特别认真的重视，因此多数诗稿连写作时间都没有留下。……

2020 年 10 月 31 日，黄小安在乐昌坪石华南教育历史研学基地历史信息纪念柱旁留影

致使那些'脚步'是凌乱的，因此令人不知如何追踪他的脚步。……如果有时间，仔细考证，还是可以在历史长河中找到和辨认盛成教授的人生之舟划过的痕迹的。"但也正是得益于他们的回忆与诗稿，我才有缘在此寻找到祖父"西行北粤，逆旅之人"的一段人生足迹：车田坝的新生部，塘口的理学院，铁岭的文学院，坪石街的一层黑暗而又狭逼的2楼，张贴着祖父撰联的校本部大门，每逢周末校本部大厅学生驻足围观祖父疾书的方桌，湖南临武力行学校课室，及临武山村五地坪（即无地平之意）一座孤立小泥砖屋，叠加起屋檐下的块块瓦片，弥补了日记缺失的遗憾。

2019年10月3日，由广东省建筑设计研究院设计的"华南教育历史研学基地（坪石）"纪念柱揭幕，以纪念抗战时期中山大学师生在硝烟中依旧不改初心、认真治学研学的艰苦卓绝的教育救国事迹。柱体每层分别展现以中山大学名人肖像、学院试卷旧迹、相关研究旧迹以及捐赠者名单等内容，其中名人肖像有许崇清、萧冠英、黄际遇、卫梓松等。

2019年10月18日初稿
2020年11月再次修改
2021年5月29日继续补充

参考文献：
黄际遇：《因树山馆日记》原稿。
龙思鹤：《枯草集》原稿。
盛成著：《盛成诗稿》，香港银河出版社，2000年。
盛成著：《旧世新书——盛成回忆录》，北京语言学院出版社，1993年。
盛成著：《盛成回忆录》，山西人民出版社，2012年。
吕雅璐主编：《抗战烽火中的中山大学》，中山大学出版社，2017年。
陈景熙、林伦伦编著：《黄际遇先生纪念文集》，汕头大学出版社，2008年。

金鸡岭下的意外收获

2020 年 10 月底，随电影《坪石先生》剧组同往乐昌坪石一带寻找拍摄点，该电影将以祖父为原型，讲述一代教育家在抗战烽火中延续岭南文脉的故事。此行认识了华南教育历史研学基地"三师（规划师、建筑师、工程师）"志愿者何昆亮先生，他告知："在搜寻中山大学在坪石办学的史料时，得华南理工大学建筑学院博士生顾雪萍之助，方知黄际遇先生曾于 1940 年 12 月 22 日登临坪石金鸡山，并留下一篇纪游文章。"由于此时祖父的日记已遗失，能得到的片文只字我都倍加珍惜，更何况是一篇公开发表在《旅行杂志》的游记呢。游记全文如下：

金鸡山纪游

黄任初

金鸡山近在牖下，乘兴可往，不必聚粮。会吉林胡子筼岩来共□展，往约子□不果，徐颂平黄庆华偕焉。渡河复渡河，步抵山麓，五里许耳。迎面如壁，何处是终南山之径也？村童六七，方聚而嬉，吁其一人，为我前驱，披荆斩榛，径仅可辨，横看成岭，侧看成峰，远近看山各不同。不知庐山真面目，只缘身在此山中。屡屡问童子，金鸡何处是也？昂首以望，峭拔百仞，极目无从，不可方物。行一里许，折入山中。奇石断崖，缀成一片，中空如鏊，裂处欲坠。颓垣赤壁，庶几似之。负壁而行，渐入深处。两岩夹道，有门闶焉。门去安在，犬吠已闻。此中纵有人焉，则又安所得水也。转影入森林，山溜何泠泠，在坡中阿，涓涓不绝，以灌以溉，五亩之间。桑者闲闲，辟纑织屦。斯亦井上之仲子，灌西之老父乎！叩之曰姓戴，宜章人。率妻子躬耕于此六载矣。山食略可自给，惟水源不克共十口以上。遂亦无后至者。予相来径，游者亦希。偶然相与，如宿缘焉。为具衣食，食以黄秋白菜。粒粒辛苦，菜根皆香。助以晚荈之茶，长生之果，虽非陈酿，弥爱新汲。泉清而冽，回甘滋永，山居自有至乐，今人欲弃百事而从之游也。童子曰，先生兹来，未穷其胜可乎？欲穷千里目，何惜马蹄遥？振衣高岗，荡胸云表。层峦叠嶂，奔凑肘下。当前异石，如蹲如鸣。仰焉欲飞，仰焉若□，过山河之百二，未觇斯雄。既风雨之晦冥，弥思君子。坐看云起处，不知日落时，比归暮色苍然。

注：摘自黄庆华《坪石的余恋》，刊于 1945 年《旅行杂志》第 19 卷第 5 期 42-44 页。原文记载了 1940 年 12 月 22 日，黄际遇（字任初）与黄庆华、徐颂平结伴游金鸡山。□为原文字迹模糊、残缺。

"渡河复渡河，步抵山麓"，
祖父登金鸡山须经过的渡
口之一

182

君飘临武 山林之牢
五地平即屋地坪

  在祖父遗存的 43 册日记中，《山林之牢日记》是最后一册，也是最薄的一册，封面上他亲笔标注：起乙酉三月十八日讫四月十六日。在这本起止日期不到一个月的日记，以及存留的十多二十册手稿使用的纸张中，均可隐约辨认出印有"湖南私立力行学校练习册，按限期交教务部查验"等字样，好几册手稿封面上祖父也标注了记于"临武"或"临武惠土山内五地平""临武东山五地坪——辟世日课"等。寻找祖父抗战期间随中山大学理学院到临武避难并坚持教学的遗址——五地坪，以及祖父日记中提及的太平水村、欧家村等地，一直是我的心愿。

  临武县隶属湖南省郴州市，地处湖南省最南部，东部和东南部与湖南宜章县为邻，南部与广东省连州市接壤。虽说与广东接壤，广州至临武的公共交通却不算方便，从广州坐火车到郴州后，还需一个多小时汽车的路程才能到达。日前在好友老范的帮助下，早上驱车自广州出发，中途在清远午餐并稍作休息，约下午四点就到临武县城了。找到网上订好的酒店后，喜收集文史档案与热爱专题摄影的临武人士罗富玉先生与陈建政先生随即来到。我一边摊开近期制作的手工书《黄际遇行迹图谱》第四册，一边讲述此行的想法与目的。其中的太平水村与欧家村，他们都知道，但是五地坪却没有听说过。但凭借他们对临武的熟悉与人脉，第二天下午我们就来到目的地了。

  事后罗富玉先生发微信朋友圈中说到："1944 年有多所外地学校临时迁入湘南的边陲小县临武，这些学校的迁入为临武的教育作出了不小的贡献。这期间，中山大学的两所学院，法学院和理工学院也来到了临武。由于理工学院的教学用具、仪器、设备较多，用船从水路运到了牛头汾，堆放在汾市街两间民房里。教授和学生们都安排在汾市街和南福村住下。理工学院数学天文系主任黄际遇教授开始也安排在县城力行小学，办了两个补习班，为爱好国学的中青年讲课。黄教授在临武这段经历，临武文献所记载的文字、信息有限，其中他在临武避居山林的一段经历便是鲜为人知。直至近日黄际遇之孙女黄小安女士来到临武，才还原了黄际遇教授避居山林的这段经历。黄女士以其祖父遗存的《山林之牢日记》为依据：'早课毕，徒五六人道历邻邨（太平村）。杝落萧疏，桑麻相望，户不满半百。民朴无华，竞引还家，似曾相识。又郊行里许，河水弥弥，武水支流。河床少石，澄可见底。居人名曰：

沙河。舟檝利焉大好，避乱之乡也。'这篇日记提供了他避居之地周边的地理环境，却缺少了具体隐居地点的信息。他的另一篇日记还提到了'二里外至欧家邨'。不过在他抄写的《说文解字》封面上里却有'临武东山五地坪——辟世日课'的字样，但这'五地坪'在临武是一个不存在的地名。由于有地方方言与官方语言的差异，又有徐霞客在临武记载的那些地名的前车之鉴，才觉得'五地坪'这个地名与方言有联系。果不其然，在太平水村附近就有一个被称为'矮地坪'的地方，临武方言'矮'的意思即'房屋'的屋，所以实际上就是'屋地坪'。屋地坪原来也有几户人家，周围树木荆棘，芜秽不治，几间破旧的泥砖房。黄际遇教授就是在这里写下了《山林之牢日记》，四个月后黄教授重返力行小学讲学。"

"山林之牢"出自韩愈《祭河南张员外文》："彼婉娈者，实惮吾曹。侧肩贴耳，有舌如刀。我落阳山，以尹鼯猱。君飘临武，山林之牢。"贞元十九年（803年），韩愈和张署在监察御史任上直言批评倖臣，被贬。韩为阳山县令，张为临武县令。韩愈北上，常与张署会宿的官山遗址现为韩张公园。

只剩下掩盖在野草下的一口井与一残屋角的五地坪不为今人知晓，孤零零地远离村寨，周围树木荆棘。祖父在这里笔耕不缀，粗糙的私立力行学校练习册承载下祖父人生最后一册日记——《山林之牢日记》，并留下十四篇《说文解字》等一批手抄文稿。在此穷乡僻壤中，祖父读书教书，散步下棋，赏山村景色，与村中老少同喜同忧。虽只有短短二十几天的日记，却依然能感受到临武景色的优美、临武人的热情待客。祖父品性豁达、坚韧，面对"饭糗茹草""灯炎如豆""燃樟御蚊""独对人影""山中日月长"之境，依旧"讲习、写篆，读史"。"坪石先生"们在战火中仍然坚持办学、从容治学。节选日记片段如下：

1945 年 3 月 18 日

星期。黔，晨四十九度，午日见。

黎明信步里许看邓邨。山桃丛李，苓落参差。绀朱绘素，自成馨逸，又见一年春矣。归为侍读诸生讲《孟子》三章，西汉文一首。亦邻卿题辞所云："聊欲系志于翰墨，得以乱思遣老也。"有山上邨乡人来，迹予问同寮消息者。深林人不知，明月来相照。尚非其俦也。

读司马《通鉴》十二卷（至二百八十四卷）。山中方七日，世上几沧桑。燕云十六州之父老，已呜咽百年矣。

1945 年 3 月 19 日

黔黩,晴微雨。

例课毕。漫游附山邨落,二里外至欧家邨,三五人家,负山自给,邨童识面,争馈食品,礼爱野人真也。归庄,有馈生豚者,庖有肥肉,不素餐矣。旦日读《通鉴》八卷(至二百九十二卷)。

张作人觉任[①]复书来。夜有佳谱。

1945 年 3 月 20 日

黔晴相间,夜山间有月,月下对局一谱。

读《通鉴》二卷(至二百九十四卷)。都二月卒业,偷活草间,聊补半生史荒之憾。《春秋》何以托,始乎鲁隐公曰:"所见异辞,所传闻异辞。"《通鉴》何以托,始于周威烈王二十三年曰:"初命晋大夫魏斯、赵籍、韩虔为诸侯,名不正也,开战国之始也。"故胡氏身之叙之曰:《通鉴》之作,实接《春秋》左氏后也。温公自言修《通鉴》成,惟王胜之借一读,他人读未尽一纸已欠申思睡,是正文二百九十四卷,有未能遍观者矣,而今而后吾将知免夫。补纂。

1945 年 3 月 28 日

风清日丽,春日晴和,人意好时也。

讲习写纂,读史四卷。山中日月长,东山月上,坐草间久之。中夜犹起,独对人影,正中不成三人。自来此间,三更圆缺,腊饧春鼓,都在烟雨之中,孤负清光,只成余恨。亦天宝难时之杜老;同江陵危运于子山。偷活余生,犹留片土,馈粮与块,不至在陈,已云幸矣。

1945 年 3 月 31 日

晴,温不可裌,入夜桐油亦告罄,不及守月出矣。

本期及门李泽周、王本林、唐仁亨、胡旸章诸子旦日讲习山下李家邨。十里而遥,便问人事也。晨咕哗方罢,诸子远来问讯。馈遗有加,豚蹄糖饵。文字为赞,缪纂叕书,山民无以为醻。乃标日记一事为讲题,引征数十家,终于治学之法,亦在乎是自已达未。

娓娓忘食,人散夕阳在树矣。斜倚胡床,弥伤况瘁。(木林述纪河间题焦山联:"凌万顷之茫然;障百川而东之。"器宇极是,并存之。)

1945 年 4 月 1 日

晴。星期②，无早课。涉草堂小丘，迤西人径爽然，非久无人行者。曲折赴之，一里而奇，有屋四五，负麓成村，乃曾经我目之欧家滨也。童子二三，欸予入室，十万买宅，百万买邻，此间民风殊敦朴也。

阅《宋纪》十四卷至靖康元年。

1945 年 4 月 10 日

薄黔微寒，辰五十度。

早课毕，徒五六人道历邻邨（太平水）。杝落萧疏，桑麻相望，户不满半百。民朴无华，竞引还家，似曾相识。又郊行里许，河水弥弥，武水支流。河床少石，澄可见底。居人名曰："沙河"。舟楫利焉大好，避乱之乡也。阅《元纪》八卷。

1945 年 4 月 11 日

晴。

泽周专足致张觉任连县（初五日），书速吾行也。吾之饭糗茹草，已若将终身矣。报载叶生述武夫妇已抵连，相失八旬，回何后也。

阅《元纪》八卷，补篡。

在倒数第三天、第二天的日记中，叶述武来到五地坪，向祖父倾述为保护理学院图书仪器等公物，历尽千辛，尽耗其所有之历程：

1945 年 4 月 14 日

叶述武间关归来，夜述厄状。尽耗其所有，若详纪之，一幅流民图也。衣冠士族渡江时无此惨矣。

1945 年 4 月 15 日

拂晓偕述武郊行，至太平水小邨。相理学院图籍，新迻村屋。兵劫之余，存者廑矣。

有资料记载：日寇进攻坪石时，理学院派叶述武到湖南临武县建立疏散点。但疏散未完，日寇突犯临武并指兵坪石，理学院人员急赴乐昌。叶追踪赶来，连续两天遭遇日兵，衣物损失殆尽，最后携女随中大同仁，长途辗转抵连县的中大分教处时，已一贫如洗。为了理学院的图书仪器公物，叶北上湘南临武，查看他当日所建立的疏散点，安顿好公物，请得当地保卫、管理人员照料之后，才返连县分教处。叶述武、邹仪新夫妇当时都任教于国立中山大学理学院。新中国成立后，在天文数学领域均是国家栋梁，建功立业。

在庆祝抗日战争胜利的大喜日子里，国立中山大学分散在各地办学的师生陆续返回广州原校址过程中，祖父坐船返校，于1945年10月21日途经清远时，不幸堕水遭难。叶述武、邹仪新夫妇撰写挽联：

经学真传，问天下三黄至今余几？
典型虽在，痛系中元老从此凋零。

1|2
———
3

1、临武汾市镇别名牛头汾。2021年5月22日范锐中拍摄

2、五地坪（屋地坪），当地村民说在野草荆棘覆盖下，还有一口井与残存的屋角。小山背后就是欧家村。2021年5月22日范锐中拍摄

3、已经废弃的太平水小学。离这里不远处，我们找到了祖父日记中提及的欧家村与沙河。2021年5月22日拍摄

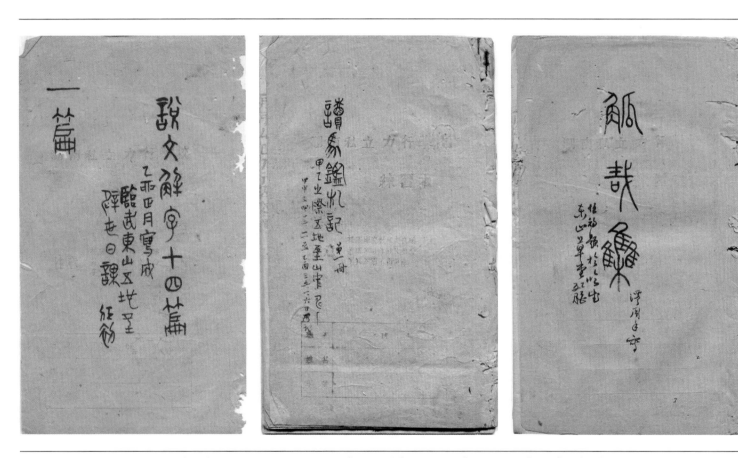

黄际遇在临武五地坪（屋地坪）抄写的《说文解字》十四篇、《读马鉴札记》、《觚哉集》

注释：
①张作人觉任：张作人字觉任，时任国立中山大学生物系主任。
②星期：即星期天。

泰山可封 燕然可铭
几代人的交往

"邹祭酒浮海归来,其道大行,奉公执鞭之徒。酾全会酌,祭酒揖而辞让者三,或曰泰山可封,燕然可铭也。"这是祖父 1936 年 11 月 28 日的日记中的一段话。

祖父日记中多次以"祭酒"代称校长。邹祭酒指的就是国立中山大学校长邹鲁(字海滨)。"浮海归来"是指邹鲁应万国大学会议和德国海德堡大学 550 周年纪念大会之邀,前往德国赴会归来。

祖父与校长邹鲁的交往,在他的日记记载中,主要有两件事:一是广东通志馆聘名誉纂修;二是祖父重返国立中山大学。

广东通志馆来聘名誉纂修

1932 年 1 月,邹鲁重掌国立中山大学,他开始实施积极的改革方案。方案其中之一:"使学校负起社会事业的责任……把广东通志馆接受过来,准备编纂适应时代的省志。"(见邹鲁《回顾录》)

1933 年 2 月,任国立山东大学文理学院院长的祖父接到广东通志馆聘函。他在 1933 年 2 月 22 日的日记中写到:"广东通志馆来聘名誉纂修,此事报上早有所闻。然于史学实疏,乡邦文献又非所习,自阮芸台主修《广东通志》垂百余年,应有继起者,殊愧非其任耳。《书目答问》列善本省志四,曰:《浙江通志》《广东通志》(阮元)、《广西通志》(谢启昆)、《湖北通志》(章学诚原稿)。府志三,曰:《汾州府志》(戴震)、《嘉兴府志》(伊汤安)、《遵义府志》(郑珍 莫友芝)。州县志亦不过十八。信矣,善本之难也。兹志之修,鄙意须断代为之,至末清改玉而止,以避各种制度思想之冲突为是。改日当致书同事论之。"

1933 年 2 月 26 日,祖父发函邹鲁,复广东通志馆事。

1933 年 2 月 27 日,祖父在日记中作了大致梳理:"《广东通志》共书二十六篇,三百三十四卷,嘉庆二十三年(一八一八)两广总督广东巡抚李鸿宾奏请纂修,道光二年(一八二二)阮元广东巡抚嵩孚奏纂修告成。大学藏本系甲子重刊本,有重刊职名,中有陈澧,则亦已是同治三年（一八六四），此后文献无征不信矣。亦粤士大夫之耻也。据阮元叙云：《广西通志》乃嘉庆初谢中丞（启昆）所修，载录详明，体例雅饬。《广东通志》则犹是雍正八年郝中丞（玉麟）所修，书仅六十四卷，《四库书提要》称一年竣事，体例牴牾，九十余年未经续纂，爰奏请开局纂修，以《广西通志》体例为本，有所增损，凡总纂分纂采访校录莫不富于学而肯勤，其力志三百三十四卷。"

1933年3月19日，祖父日记又有如下记录：

邹海滨寄广东通志馆同人名单及章程等前来。

馆长：邹鲁

主任兼委员：徐甘棠

委员：何衍璿、薛祀光、邓植仪

委员兼纂修：朱谦之、朱希祖、石光瑛、徐绍棨、古直、陈述叔、罗猷修、林砺儒、范锜、李沧萍

名誉纂修：姚君愻、黄铭初、周若豪、陈梅湖、杨雪立、陈海民、萧汉槎、郑晓屏、吴子筠、王宏愿、黄际遇、杨世泽、林绳武，兼任纂修曾运乾、方御骕、萧鸣籁、谢贞盘、罗香林

通志总目（略）

所聘纂修难云极一时之选。其总目类依旧《广东通志》损益之（见二月二十七日日记）：（一）易训典为大事纪；（二）为表四一仍旧贯；（三）合舆地、山川、关隘、海防为舆地略、水利略。增民族略。分经政为经政略、财计略。增文物略（古迹等附之）、民事略、侨务略、外务略；（四）合录与列传为传。易宦迹为名官，释老为教门，去人物、耆寿、方技、宦者、岭蛮，增先达、忠义、孝友、隐逸、学林、艺苑、货殖、外侨。去取之际饶具匠心。

当天祖父夜访游泽丞（指游国恩）谈修志事，"商榷可分任者为'民族略'中'方言略'之分撰，'艺文略'之分校。传中之'孝友''隐逸''学林'之分撰，即此已可竭吾力矣。欲建议者，为厘正字体一事，废除标点一事，风俗改礼俗一事，当别为稿申述之。"

1933年3月28日，祖父准备赴南京出席天文数学物理讨论会。当天上完课后整装待发，并"致广东通志馆书，要旨云：所欲陈者二端，一为厘正字体事（排印则严校对，木刻则并严字画），一为不用标点事（续志应系断代而为，故须存先民成规）。所勉任者二事，一为方言略（不用《扬子方言》《章氏新方言》《畿辅通志·方言略》例，而以三十六母为经横列，（一）古音，（二）今标准音，（三）广州音，（四）梅属，（五）潮属。各以万国音标或注音字母标读之，而后类举诸词，以见凡反切同而读，反切异者各属方言遂有不得不异之故，庶几寻方言之系统焉，广梅潮各一人任之，际遇可勉任其一）。一为人物传（如隐逸学林等传，俟采访有稿。际遇可分任之撰传）云云。"

1933 年 10 月 29 日，祖父接到广东通志馆催稿函。

上述既是祖父与邹鲁的交往，也是广东通志馆史的点滴。之后，1935 年 6 月，温廷敬接任广东通志馆主任，祖父日记也有记载。

1936 年 5 月 14 日，"温丹铭先生特自通志馆来访，先生名廷敬，年六十八。辛丑岭东同文学堂襄教，治岭东文献尤力，自我不见三十六年矣！忘年下交，谈移晷，送之及门，坚约再晤。"

1936 年 5 月 19 日，"假榻高卧，一局乾坤。无与先生事，小童敂枕。有车及门，天方黎明。重违来意，匆卒凭轼。思此时车主人应未起，不如就对门答访丹铭先生通志馆，老年同于孺子早寝早起也。陋室半椽，破书盈篋，藓苔逼榻，圬匠在门。修志之声盈耳矣，馆贤之礼如此哉！求史材则千里降追，语宦途则十年不进。知几忤时之论，吾见其人至忠。得书之惭，今未可望。丹老虑宗邦梼杌之就湮，莫景崦嵫之日迫也。先刻其《明季潮州忠逸传》六卷。岂惟深虎贲之思，亦重寄麟书之笔矣。蒙锡一帙，远胜百朋。坐语片时，抗怀千古。简书在御，博食何家。方阖户而诵书，有穿牖而索笔。割其佳日，代人呫毫。几见谀墓之金，竟类乞墦之食。（里人来乞书墓前楹帖，竟以非本意而应之）教匠人而为雕琢，叹此道已成舆台。绝笔非苛，敝帚自赏已耳。旋见校报载丹铭诗题曰《大雨志馆湿床帐（戏作）》云：'夏初大雨倾盆势，新盖数椽漏不止。少陵枉抱广夏心，区区一己未能庇。帐被霶湿愁吴侬，却望明朝日脚红。九儒十丐寻常事，一笑浮云蔽太空。'虽曰'戏作'，而意事殊可叹也。"

1937 年 4 月 26 日，"温丹铭先生赍馈《广东通志列传》一部。丹老尽瘁志馆辑纂之业，于兹五年。每闻头白，可期汗青无日之叹。今及见列传之杀青，幸素心之大白。不徒殚太官之膳，虚索长安之米矣。（此二语用刘知几《致萧至忠书》词）凡四卷，周汉三国为一卷，六朝一卷，三唐迄南唐（楚）为二卷。未谢。"

原广东省方志馆馆长林子雄先生《广东通志馆与民国〈广东通志〉之编纂》一文云："清嘉庆、道光年间，两广总督阮元仿《广西通志》例，纂修《广东通志》三百三十四卷，于道光五年（1825）成书。90 年以后，即民国 5 年（1916）广东省省长朱庆澜与梁鼎芬等主持修通志，但因时局动荡而中辍。民国 21 年（1932），邹鲁担任广州中山大学校长兼广东通志馆馆长，主持编纂通志亦未成，这两部《广东通志》稿本，前者 19 册，后者 120 册，合共 139 册，庋藏广东省中山图书馆善本室。"

夜得电速即归省

1936年2月11日，农历正月十九日晚上，国立山东大学校长赵太侔来到校园边上的"不其山馆"，"夜来坐至深更而别"。因为祖父将离开青岛"移馆"广州，返回他曾经执鞭的国立中山大学。此前的1935年11月6日，祖父受赵太侔的委托，代表国立山东大学起草电文，祝贺国立中山大学迁石牌新校舍。全文如下：

广州中山大学以十一日迁石牌新校舍，行十一周年纪念大典。所费一千万，占地四千亩。通电全国征募文篇。太侔嘱代大学致词，佳楮飞翰，航空申祝。援笔为颂，曰：

雒绎艳电奉悉。

南华国学，落成有期；总理宏规，式昭今日。辟雍声教，冠冕万邦；丰表翼巍，仪型多士。曰儒以道，得民之化；诸生以时，习礼其间。上以绍夏校、殷序、周庠，炳焉与三代同风。今复睹成均、东序、瞽宗，隐然立颊宫极则。（周五大学，南为成均，北为上庠，东为东序，西为瞽宗，中则辟雍也。见《白虎通》）昔少陵广厦，徒具雅怀；汉宫长秋，非庇寒畯。兹者郁郁相望，斌斌相属。训深十年之儆，人树百年之基。粲乎隐隐，各得其所。益州比于齐鲁，沐文翁石室之遗；内史政被鄱阳，传虞溥学堂之教。（虞溥，晋昌邑人，字允源。少专心坟籍，郡察孝廉，为鄱阳内史，大修庠序）史册所载，今昔同符。考常衮、昌黎之官辙，至今犹称；（常衮，唐京兆人，天宝进士，贬潮州刺史，为福建观察使。始闽人未知学，衮为设乡校教导之，自是文风始盛）挹白沙、九江之流风，其人宛在。化行南国，莘莘三千之徒；运际昌期，芊芊十一之典。

谨缀咏仁蹈德之颂，以达下舞上歌之情尔。

祖父还说："此种制作，须以典重之笔行之也。亦维桑与梓，必恭敬止耳。"

1935年10月，国立中山大学第二期工程完工之后，石牌的新校址已初具规模，当初荆棘满地的荒野，变成堂皇瑰玮的大学校园。尽管抗日战争期间时局不稳，尽管为筹措经费差点没有"叫人爸爸和向人叩头"，邹鲁校长的1935年依然是他在教育界施展抱负的重要年头。《邹鲁年谱·下·1935年（民国二十四年 乙亥）五十一岁》中，关于当年学校延聘教师的信息大约有26条，涉及延聘人员约45人，推理当年延聘教师数量应该在此之上。而此时祖父所在的国立山东大学，却因山东省政府给予的协款严重削减，致使陷入"帝业未成，一朝断送，纵有长袖，难护江山"之境。1936年1月11日，祖父极感失望之下，"作密柬张生子春"，告之决定离开青岛回广州。2月8日，"夜得邹海滨、何衍璿电速即归省。"2月12日，"一离旧境，心地洞然，无阻无碍。……电广州何衍璿报行期，柬张子春、邹海滨、陈达夫、蔡镜潭广州。"在邹鲁、张云（字子春）、何衍璿的协助下，祖父于 2 月 13 日自青岛启程南归，2 月 27 日到达广州。3 月 7 日，"子春旋来。晤邹海滨，三十年相知艰于一晤如此。"祖父自 1903 年游学江户，回国先后移馆于天津、武昌、开封、青岛、广州。从 1922 年执教于广东高等师范学校（中山大学前身），是什么缘分最后又移馆回到国立中山大学，应是天时地利人和吧。何衍璿时任中大理学院院长，陈达夫时任勤勤大学教授，蔡镜潭为黄际遇的儿女亲家。

后人的交往

其实我祖父与邹鲁的交往不算深，大多是工作上的事宜。而八十多年后的今天，祖辈们也许不曾预料到他们的后人是用这样方式联系上的。

邹达先生是邹鲁的幼子，现居美国新泽西。2018 年 3 月 27 日，接到他的电邮，之前他曾应允为我拍摄的中大瓦当图付梓撰写小引，果然是守信之人。2018 年 9 月 17 日，儿时的邻居詹慧凡女士亲自将邹达先生委托的中大瓦当图，从美国送到康乐园我母亲的家中，哥哥立即告知我。我第二天回到中大，终于见到了盼望许久的结集压舱之石。当看到包装纸筒上的邮戳日期，回想起了这一年多的经历。2017 年初，我通过老领导廖曙辉先生结识了中大校友总会的张晓彤老师，在她的推荐帮助下，与远在美国的邹达先生建立了联系。邮寄信函、通电话、发 E-mail、后来还与他夫人互加微信。2017 年 3 月 14 日，我从用宣纸精心制作好的一批中大瓦当图中挑出一款，该幅图有着双重的意义：一是图中有邹达先父、当年中大校长邹鲁先生所题的文学院三字；二是我的父母 20 世纪 40 年代也曾在中大文学院潜修磨琢。就这样，瓦当图与深切期待一起装进了厚实的纸筒，漂洋过海邮寄到美国的新泽西。一年多来，邹达先生遇到腰疾行动不便，无恙后，辗转托人在香港购得笔墨后才提笔，用邹达先生的话来讲，就是不辱使命完成此作。此时，离我寄出之日整整相隔一年。正当邹达先生准备将题好的瓦当图邮寄回国时，遇到前来拜访的美东中大校友会副会长、中大中文系教授叶启芳的孙女叶莎莎，她建议委托校友带回广州会更为妥善，不会丢失。虽然我恨不得立即目睹，但也只能耐心等待。后来在邹达先生的微信中得知叶莎莎委托之人竟是中大中文系教授詹安泰的女儿詹慧凡，感觉这缘分是天注定的。1949 年，詹安泰、张作人等编辑出版了中山大学丛书之《黄任初先生文钞》，中有张云校长、詹安泰教授序文各一。20 世纪 50 年代，我们两家人在中大的九家村同一屋檐下为邻。2017 年 3 月应我之邀，詹安泰的大儿子、暨南大学教授詹伯慧为中大瓦当图题字。詹慧凡还是我哥哥黄小龙的小学同班同学，两家人的交往远不止这点滴。这天，我细心地拆开纸筒，抖出瓦当图，95岁的母亲手捧着逐字逐句地念着："千间广厦据丘岗，学子莘莘尽猖狂。从此潜修欣得所，切磋磨琢好文章。"这是邹鲁校长筹建中山大学石牌校舍落成之际志庆赋诗之一，也是邹达先生选择题写在瓦当图上的内容。我将获得题字的缘由细细禀告了母亲，与邹达先生的缘分源于祖辈。

　　熟悉的或从未谋面的人，因中大二字结缘。我通过微信告知一些熟知此事的朋友，顺德的伍学文先生将微信的全部内容用小楷撰写于纸上，并专程送至广州，再次激起我的感恩之情。伍先生的父亲20世纪50年代毕业于中大历史系。

《广东历代书法图录》第226—227页

不知是编者有意安排，还是缘分，2004年由广东省政协书画研究会秘书长、文史研究专家，毕业于中山大学历史系的林雅杰先生主持编辑，广东人民出版社出版的《广东历代书法图录》中的"入粤名人书法"，祖父与邹鲁先生笔墨成了"邻居"。林雅杰先生在中大瓦当图上，也挥笔书写了邹鲁的诗句：蓝缕筚路启山林，寸寸山村尽化金；树木树人兼树谷，规模远托百年心。

写于2019年10月

参考文献：
黄际遇：《万年山中日记》《不其山馆日记》《因树山馆日记》原稿。
邹鲁著：《回顾录》，岳麓书社，2000年。
冯双编著：《邹鲁年谱》，中山大学出版社，2010年。
国立中山大学编：《国立中山大学现状（1935年）》，国立中山大学出版部，1935年。
林子雄：《广东通志馆与民国〈广东通志〉之编纂》，《广东史志》2001年第4期。
林雅杰主编：《广东历代书法图录》，广东人民出版社，2004年。

史语所到文科所

　　位于广州东山的柏园经广东省文物考古研究院主持修缮后，终于在 2022 年 10 月对公众开放了，这里是中央研究院历史语言研究所（下简称"史语所"）旧址。柏园是恤孤院路 12 号民居，2018 年 2 月 8 日被广州市人民政府确定为"广州市历史建筑"，挂在大院门口的牌子告诉参观者："该建筑建于 1920 年代，是广州市体量较大的中西结合风格独立住宅，具有清水红砖墙、伊斯兰风格拱券门廊、西式柱廊和室内装饰拱券等价值要素。1928 年 10 月 22 日，国立中央研究院历史语言研究所在此正式成立。该研究所是中国第一个国立考古学、历史学和语言学等现代人文学科的研究机构。"1928 年，史语所创建人傅斯年代表中央研究院租用柏园为史语所所址，时门牌号为恤孤院街 35 号。

柏园大院门口的牌子　　　　　　　　　　柏园现为广东省文物保护单位

　　有朋友微信告诉我，在柏园西座一楼与广东省立中山图书馆合作建设的"柏园粤书吧"的书架上有我祖父黄际遇的相关书籍。据说"柏园粤书吧"是特别选取了与史语所人物相关的著作和文物考古类主题图书，着力向参观者展示此地旧址所承载的学脉源流。按说我祖父没有到过柏园，也没有参加史语所的工作，他与柏园的渊源在哪里？知之甚少。

"柏园粤书吧"书架上的《黄际遇日记》《黄际遇日记类编》

祖父有写日记的习惯，但他写于20世纪20年代的日记，因他在河南返乡途中曾遭遇海难被劫，随身物品荡然无存，所以若想寻他这段时间的日记是不可能了，找答案只能走曲线。我凭直觉认为柏园不仅与祖父，甚至与我的父母亲都会有那么一点渊源，因为"史语所"三个字母亲曾多次提起。因新冠疫情起起伏伏，多次阻挡了我们的出门计划，直到2023年元旦这天才有机会出门走走。说走就走，我与女儿一家三口选择到柏园参观，去寻找祖父与史语所的蛛丝马迹。虽然手头上与之相关的资料十分有限，也阻挡不了我想寻些线索的执着之心，以便勾起整理的思绪。

柏园二楼设有"此虽旧域 其命维新——国立中央研究院历史语言研究所在广州"主题展览，其中介绍了如今闻名于世的河南安阳殷墟考古，最早的现代考古学实施方案就是在广州柏园制定的。1928年10月，史语所创建人傅斯年先派董作宾前往安阳查勘并试掘，接着该所新上任的考古组负责人李济在柏园拟定小组工作计划后，于12月从广州出发前往安阳，主持对殷墟遗址的科学发掘。

查阅了《河南大学校史》，在河南大学历任校长一览表中看到，祖父在该校任职时学校名称为河南中山大学，祖父任期为1929年5月至1930年6月，期间一度兼任河南省教育厅厅长。河南省立中山大学虽然只有3年多时间，但因受时局影响，校长却有7位之多，祖父任期超过1年。

在《河南大学校史》中，有关于学校与殷墟考古发掘关系的介绍如下：

·聘请专家作学术报告

柏园二楼展厅一角

文学院的学术研究以考古为中心，经常聘请外界学者讲演或做专题报告。1928年11月中旬，在校本部七号楼201大教室里，由徐待峰先生主持，请董作宾先生做题为"安阳小屯发掘之经过"专题演讲，同学们争先恐后而来，座位后面及窗台上都挤满了听众。董作宾先生于1928年10月参加了河南安阳县殷墟的第一次试掘工作，他将开坑、发掘、整理等情况一一绘图说明，指出此次挖掘共获得有字甲骨784片，发掘人员逐片摹写并编拟报告。通过此次学术报告，文学院的许多学生对甲骨文及其研究产生了浓厚的兴趣，有的学生因而迈向考古专业。

傅斯年先生的报告亦探赜索隐，发人深思。傅斯年当时为中央研究院历史语言研究所所长，由于地方和中央对安阳殷墟发掘产生争执，特来开封与河南省政府商量解决办法。他就住在中山大学，白天忙于公务，夜晚做专题讲演，连续数次，对考古、治学进行了系统精辟的分析。……

· 直接参与殷墟发掘

河南省政府与中央研究院先后两次签订协议，都与河南省立中山大学学术发展有关。如1929年12月28日签订的协议名为《解决安阳殷墟发掘办法》，其中第四项是针对河南省立中山大学而定的："①中山大学史学及其他与考古有关各科教授，如愿来彰（安阳）工作，极为欢迎。②其史学、国文两系学生愿来练者，请由校长函送，当妥为训练，代检成绩，以替上课。③中山大学可设考古研究所，吾等当时常来汴讲演，并备顾问。其研究完成后古物存放之地，以首都及本地（安阳）为归，然重复品多，可分置一部分于中山大学研究所中。其中一切布置设备及费用，中央研究院愿负担之。④以后如更有可赞助之事，力所能及，无不竭力。"这样，河南省立中山大学的学生就直接参与殷墟的考古发掘与研究工作了，所获得的知识与技能，远胜于课堂听讲和书籍阅读。

住粤全国政协委员许瑞生在《1928 年"史语所"在广州创建时期的历史研究（下）——广州东山柏园史语所的历史贡献》一文中亦有一段提及此事：

1930 年 1 月 15 日傅斯年致函黄际遇，函中谓"中山大学同人待弟之厚，思之弥深，下次至汴，必作一系统演讲耳。"信中的中山大学学人此时可以有两层理解，一是昔日傅斯年供职广州的中山大学，一是黄际遇任校务主任、校长的河南中山大学，即 1930 年由 1923 年建立的中州大学改名为河南大学。黄际遇为广东澄海人，1926 年时 42 岁的黄际遇就进入时为广东大学刚改名的中山大学任教，全能全才，傅斯年面对的是一位真正的高人。

黄际遇在日本东京高等师范学校、美国芝加哥大学留过学，担任过天津高等工业学校教授、武昌高等师范学校数理部主任、武昌师范大学数学系主任、河南中州大学数理学系主任等多所大学教职，1935 年回粤中山大学继续任教，辛树帜为其门生。离开广州后，傅斯年遇到瓶颈依然需要广东中山大学的前辈解决问题啊，关于河南政府与中央研究院"解决安阳殷墟发掘办法"最后是黄际遇以河南省教育厅长身份参与制定的。黄际遇对殷墟发掘的贡献已经没有人念及了。

…………

由于黄际遇等的协调，河南大学可以派学生参与殷墟的挖掘实习。石璋如和刘燿（尹达）就是河南大学第一批于 1931 年参加发掘的实习生，在 1932 年毕业后他们进入史语所，成长为考古学界大家。

《傅斯年遗札》第一卷中有一封 1930 年 1 月 15 日傅斯年致黄际遇的信，信的开头："任初吾兄左右：弟此次到开封，若非吾兄在彼，不特事办不成且身体上要吃好些苦，居然在中山大学舒舒服服任着物质上的安逸，精神上的快乐，使事忘了是在旅行中，这是何等难得的事。感谢的话既说不完，爽性不说了。"傅斯年还说到："济之兄已先弟返平，据云此次虽为人将殷墟（小屯一部）三分一挖得无地层之纪录，然吾等工作成绩极好，有意想不到之发见，如此做下去，必为中国古史学开一生面，此与汴中大史学之发展当极有关系也。春季中大有学生前来练习否？如有，异常欢迎。其办法即如弟所宣布。"信中的济之指李济，中大则指当时的河南省立中山大学。傅斯年在信的结尾说到："兄年假中来北平否？弟等异常欢迎，来时请电示，便奉迓。弟此次在汴'骚扰'大学，心夜思之，无以为报，拟奉书数册，以结纪念，正在配集，容日奉呈。"1930 年 9 月，国立青岛大学（后更名国立山东大学）正式成立，祖父出现在开学典礼上，任理学院院长兼数学系主任。傅斯年是该校筹委会常委之一，祖父移馆青岛是否与他相关，不得而知。1932 年 8 月，祖父从青岛赴北平出席中国数理学会年会。他在《万年山中日记》第二册 8 月 21 日的日记中写到："午十一时五分抵正阳门，一别二年有奇矣，铜驼别来无恙否？登车不数百武，傅孟真远来相迓，盖几相左矣。乃同至东兴楼午餐，方知傅宅已移（后门外前铁匠营二号），远在北阙西北。而开轩爽朗，林木荫翳，门少俗客，室富藏书，诚佳宅也。"当年的北平火车站在正阳门，日记中提到的傅孟真为傅斯年。从 8 月 21 日至 28 日，祖父在京的八日间，除了 22 日、23 日住清华大学物理系教授吴正之家外，大部分日子住在傅宅，24 日晚还与傅斯年一起去听戏，28 日的日记中写到："饭后回傅宅，与孟真语别"，祖父离开北平时，傅斯年送他至车站。此次祖父北平之行借开会之机赴约，傅斯年亦乘机守约尽东道之谊。

黄际遇《万年山中日记》第二册 1932 年 8 月 21 日的日记

罗常培赠送的《万国音标》原件，夹在黄际遇《万年山中的日记》第十一册1993年7月19日的日记中

括而言之，祖父与史语所（柏园）的关系似乎找到一丝脉络了。如今，史语所已被公认为中国近代学术的重要源头之一。柏园二楼的专题展中，我见到许多曾出现在祖父日记中的名字，如罗常培、顾颉刚、陈寅恪、杨振声、赵元任、李济、辛树帜、丁丁山等。

罗常培，字莘田。1928年任国立中山大学语言文学系主任，与傅斯年、赵元任、李方桂一起参加创办史语所的筹备工作。祖父在青岛时与之常有交往，他在《万年山中日记》第十一册1933年7月25日的日记中写到："辛田馈武林邵芝岩长锋紫毫笔四支。叔明馈徽州曹素功朱墨一方。此生能著几两屐，诸友望我读书之意良厚也。辛田又馈《方言调查表格》《甲声母韵母乙声调》二种及《万国音标》THE INTERNATIONAL PHONETIC ALPHABET一种，附存之是审音之道也。"日记中提到的辛田即莘田；叔明即姜忠奎，经学家、语言文字学家，时任国立山东大学教授。

顾颉刚，1927年4月赴广州国立中山大学，曾任历史系教授兼主任、图书馆中文部主任，代理语言历史研究所主任，主编《中山大学语言历史研究所周刊》等。祖父在《万年山中日

记》第二十三册 1934 年 11 月 15 日的日记写到："今日复见《北平图书季刊》载越缦遗稿事。经顾颉刚介绍购存《丧服传经节要》一册、《越缦经说上》一册、《复社绍兴姓氏录》一册、《萝庵游赏小志》一册、《柯山漫录》一册、《困学楼丛钞》一册、《越缦山房丛稿》一册、《知服堂读书学略》一册、《缦庵日钞》一册、《越缦笔记》一册、《越缦堂日记》一册、《越缦堂集》二册（即白华绛跗阁诗集甲集至己集初定本）、《湖塘林馆骈体文钞初集》一册、《越缦堂外集》一册、《庚寅病榻小草》一册、《越缦笺牍》一册（共十六种十八册）。又《越缦堂日记》共七十三册，民九印行者只《孟学斋》至《荀学斋》五十一册，以后八册归樊山不可究诘。《孟学斋》以前手稿实存十三册半，又传录半册，由蔡子民送馆收藏，已于九月与商务印书馆订印，此十四册起咸丰四年三月十四日，讫同治二年三月三十日，与《孟学斋日记》衔接，咸丰四年越缦年二十六，九年二月二十七日入都云云。手治之勤赖以不坠矣。"日记中提到的蔡子民即蔡元培。

陈寅恪，1930 年任清华大学历史、中文、哲学三系教授兼中央研究院理事、史语所第一组组长。1932 年 8 月祖父从青岛赴京出席中国数理学会年会，他在 23 日的日记写到："晨访冯芝生、孔云卿于清华住宅，皆十年老友也。"冯芝生即冯友兰，孔云卿即时为清华大学历史系教授的孔繁霱。"芝生为觅车访陈寅恪于西山卧佛寺龙王堂。车行三十里，西山为九城名胜。余从青岛来，饱餐青山滋味，故不觉其可喜也。抵寺前下车，车夫告余曰：'此君为清华教员，汝询何人问之可也。'余曰：'访陈先生。'一客曰：'我即陈先生。'面貌依稀似尝相识，嘻！此二十六年前江宁中正街余在师曾宅所认识之陈老六也，时年十六。相与甚欢，临行老六以《张濂亭集》为赠，并署曰：'他年相见之券。'今各年过四十矣，执手茫然，如梦如醉。古松之下，纵谈移时。其夫人烹饭酌酒，午后同游西山而归。"二十六年前即 1906 年，陈寅恪 16 岁，祖父 21 岁，他们初识在师曾宅。陈衡恪，字师曾，陈寅恪之兄长。1903 年，祖父与七位同砚于厦门东亚同文书院的潮州籍同学，联袂由汕头乘船赴日本留学，期间认识陈师曾、经亨颐等，共同赁屋而居并成为至交。

辛树帜，1915 年考入武昌高等师范学校生物系，祖父时任教授兼数理部主任，辛是祖父的学生。1933 年 4 月祖父到南京出席民国政府教育部举办的天文数学物理讨论会，他在《万年山中日记》第九册 4 月 3 日、5 日的日记中分别写到："午陈可忠及旧门人国立编译馆馆长辛树帜宴于中央饭店。""是日结束整理诸议案。午辛树帜招饮中央饭店，仅能一到即走。……晚受武昌同学会之欢迎。"陈可忠曾任国立编译馆馆长、国立中山大学校长。辛树帜 1928 年任广州国立中山大学生物系教授兼系主任。同年 5 月，由辛树帜带领的国立中山大学考察团出发，对瑶山的动植物资源、历史、语言、民俗进行深入细致的考察。

丁山即丁丁山，史学家、古文字学家。1929年至1932年任史语所专任研究员。祖父在青岛国立山东大学时，他是中文系教授，是祖父居住的"不其山馆"的常客。如："晚丁丁山、张怡荪来谈。客散坐读名局至忘休沐。""夜偕丁丁山、萧涤非、贺祖钱诣纫秋处茗谈归。"张怡荪时任中文系主任，萧涤非时为山东大学中文系讲师，贺祖钱时为中文系助教，纫秋为潮汕商人蔡纫秋。

根据赵新那、黄家林整理的《史语所初创时期的方言调查工作——赵元任影像一瞥》记录，赵元任"1928年8月，从清华大学转到中央研究院工作。10月22日，中央研究院历史语言研究所在广州柏园正式成立，初分为八个小组，迁北京后合并为三个组：第一组史学组，陈寅恪任主任；第二组语言组，赵元任任主任；第三组考古组，李济任主任。1928年起至1929年间，到广东和广西进行粤语方言调查，赵元任称之为'田野工作'。"1934年8月，祖父受杨振声委托，在青岛接待了赵元任、李济之、唐擘黄，日记有记载。李济之即李济，唐擘黄即中央研究院心理研究所第一任所长唐钺。

杨振声，字今甫，亦作金甫，与傅斯年、顾颉刚同为史语所常务筹备员，后服务于史语所。杨振声是国立山东大学（原国立青岛大学）首任校长，与祖父的来往就更多了。祖父《万年山中日记》第一册第一篇日记（1932年6月11日）就记载："前年移馆青岛大学，同人中兴雅量，高者不乏其人，因刺取西厢句制成酒令百余则（别录）。端午之夕，杨金甫方自北者回青，同饮于校舍中。闻一多制得一筹面为'世间草木是无情'，只为姓氏从草、从木者各一杯。一多指梁实秋、杨金甫、蒋迦安三君践令。而坐中多指黄仲诚与余亦应分一杯。一多力持不然，以黄字实不从草也。虽小道亦有可观者焉。"而就在上个月因杨金甫忽辞校长职，祖父"为代理校务竟月。"梁实秋在《酒中八仙——忆青岛旧游》一文中描写这班同人的"仙趣"："这一群酒徒的成员并不固定，四年之中也有变化，最初是闻一多环顾座上共有八人，一时灵感，遂曰：'我们是酒中八仙！'这八个人是：杨振声、赵畸、闻一多、陈命凡、黄际遇、刘康甫、方令孺、和区区我。即称为仙，应有仙趣，我们只是沉湎曲蘖的凡人，既无仙风道骨，也不会白日飞升，不过大都端起酒杯举重若轻，三斤多酒下肚尚能不及于乱而已。其中大多数如今皆已仙去，大概只有我未随仙去落人间。往日宴游之乐不可不记。"然而，在"八仙"中祖父是唯一理科出身。

傅斯年花了六年时间在海外留学，先是英国伦敦大学读研究生，主修实验心理学外，还选修了物理学、化学、数学等本科课程。后又转去德国柏林大学，选择物理学和语言文字比较考据学。他认为近代历史学只是史料学，应当用自然科学提供的一切方法、手段来整理现存的所有史料。祖父黄际遇是我国最早留学日本主攻数学的极少几位学者之一，是日本著名数学家林鹤一博士的高足，后又获得美国芝加哥大学数学专业的科学硕士。在日本期间与陈师曾、黄侃交往甚密，曾与黄侃一道向避居日本的章太炎学习骈文、小学（指研究文字、训诂、音韵的学问），同样是个拥有跨界学问、拥有文理科人脉的人。我想，这就是祖父与傅斯年谈得来的原因吧！祖父与史语所（柏园）何缘之问也就释然了。

篇名《史语所到文科所》仅是此文的思路秩序，并非两个机构面世的先后。1928 年 1 月，傅斯年与顾颉刚创立国立中山大学语言历史研究所，傅斯年任所长。接着他又向蔡元培提出"借用在广州之语言历史研究所已成就及将建设者，以成中央研究院之语言历史研究所"的建议，并得到赞同。史语所开始暂借国立中山大学地方办公，后迁至东山柏园。史语所从筹备到迁往北平，在广州约一年时间。国立中山大学语史所、中央研究院史语所一年内一先一后创立，起始时两个机构人员高度重叠。

查阅国立中山大学出版部出版的《中华民国二十四年国立中山大学现状》中关于文科研究所的介绍：

本所原名语言历史研究所，民国十六年八月开始筹备，十七年一月正式成立，分设考古、语言、历史、民俗、四学会。……教育部新颁研究院规程，本校奉令成立研究院，本所改称文科研究所，分设二部：曰中国语言文学部，曰历史学部；部署既定，继续招者研究生，每部二名，即现在之文科研究所也。

在中山大学中文系官网系况简介中提到的文科研究所内容：

中山大学中国语言文学系建立于 1924 年，是中山大学历史悠久的学系之一。1928 年 1 月，文史科成立语言历史研究所，以研究学术、发展文化为宗旨，内设考古、语言、历史、民俗四学会。1935 年春，文史研究所（原语言历史研究所）改组为文科研究所，设中国文学部和历史学部，同年 9 月招收研究生。抗日战争时期，中文系师生迁至云南澂江和广东坪石、梅县等地，在艰苦条件下继续办学。1946 年，中山大学成立语言学系，这也是我国第一个语言学系。中文系与语言学系、语言历史研究所、文科研究所，在教学和科研方面有着密切的联系。

1943 年，我父亲黄家教、母亲龙婉芸同时在坪石考入国立中山大学文学院中文系，后辗转梅县继续求学。1946 年，师从史语所创办人之一赵元任学习语言学的王力在广州创办语言学系时，父母亲一起转入语言学系，1947 年成为语言学系首届毕业生。父亲 1947 年考入文科研究所，1949 年获硕士学位，那时研究生名额依旧是"每部二名"，另一名与父亲同上文科研究所的学生是钱淞生。父母亲的大半生就是沿着中山大学中文系的脉络走过来的，从中文系、语言学系到文科研究所，从坪石、梅县到广州石牌，最后一辈子在康乐园服务于中文系。

我常与今已百岁的母亲闲聊，听她讲旧时的事情。其实她对语史所、文科所之间的关系也没弄明白，她一概称二者为史语所。这也不奇怪，首先是时隔久远了，然后这些关系本身就够纠缠的。父亲曾用过的教材中就有史语所编印的刊物，母亲说父亲是史语所的研究生，父亲读研时常到东山去上课，她大学毕业后还到那里的资料室当过几个月的资料员。我问母亲还记得具体地点吗？她脱口而出"庙前西街！"，但眼神却带有一丝疑问。庙前西街与柏园所在地恤孤院路相连，难道文科所与柏园还有关系？我将手机里的柏园外景图片给她看，她说外观没有印象了，只记得资料室内有一张很长的桌子，书籍资料并不多。虽然母亲对此事印象不深了，但她对坪石的印象却是清晰到可以画平面图的呢！

史语所自 1928 年初筹备创立于广州国立中山大学，同年迁到广州东山柏园，至 1948 年底东迁台北杨梅镇，二十余年共搬家十次。期间经历了北平北海静心斋、上海曹家渡小万柳堂、南京钦天山北极阁、长沙圣经学院、昆明拓东路青云街靛花巷、昆明龙泉镇棕皮营响应寺、四川南溪县李庄镇板栗坳、南京钦天山北极阁。《傅斯年遗札》在"编辑凡例"中介绍：史语所档案依历史阶段略分为"元"(筹备至抗战前时期)、"昆"(云南昆明时期)、"李"(四川李庄时期)、"京"(复员南京时期)、"台"(迁台初期) 等。《傅斯年致黄际遇》(抄件)(1930 年 1 月 15 日) 置书中第一卷，档号为"元 141-16"，属于筹备至抗战前时期。是否可以理解傅斯年给祖父的这封信从北平起步，躺在档案库中跟随史语所的搬迁，走遍了大半个中国。1933 年 7 月底，祖父为出席在重庆举办的中国科学年会"定计入川"。会上演讲的论文纲领亦已发出，同时祖父还准备会议结束后去成都，时任国立山东大学中文系教授游国恩告知：《华阳国志》及《蜀典》可为入川参考。祖父想起在武昌执鞭十年都未能实现西行计划，这回万事俱备了。当年"成都高等学堂以月薪二百两约往教习算学，为亲老未敢应聘。今兹不行，此生难有入川之望矣。"从青岛到上海后，却为"入川舱位不可得"而折返。周密的计划因欠一张船票，祖父此生真的再也没有西行入川，愿留下的遗憾随傅斯年来信的游踪得以了却。在史语所档案库中说不定还藏有祖父的回信，因台湾地区著作权法的高标准，使得来往书信集里的"来函"暂时未能出版，公开只能期待他日了。

史语所到文科所，大可至中国近代学术重要源头的研究；祖父与父母亲两代人，小只是一个家族史的整理。但这一大一小又岂能分得开呢？

2023 年 1 月 27 日 正月初五

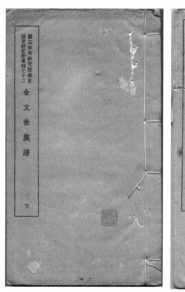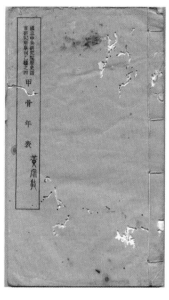

父亲黄家教保存的国立中央研究院历史语言研究所刊物

位于石碑的文科研究所，引自《中华民国二十四年国立中山大学现状》

参考文献：
张友余编著：《二十世纪中国数学史料研究（第一辑）》，哈尔滨工业大学出版社，2016 年。
《山东大学百年史》编委会编：《山东大学百年史》，山东大学出版社，2001 年。
河南大学校史修订组：《河南大学校史》，河南大学出版社，2012 年。
国立中山大学编：《中华民国二十四年国立中山大学现状》，国立中山大学出版部，1935 年。
王汎森、潘光哲、吴政上主编：《傅斯年遗札（第一卷）》，社会科学文献出版社，2014 年。
梁实秋著：《雅舍杂文》，上海人民出版社，1993 年。

祖父的布长衫

近日看《鲁迅像传》，发现不管在大小合影还是个人照中，男女皆以穿长衫者为多，特别是学者们。我曾问过母亲，她们 20 世纪 40 年代在中山大学念书时，是否像现在反映民国时期的电影、电视剧一样，女学生通通穿短褂配裙子（俗称五四装）。母亲的回答是否定的，她说那时女学生不论冬夏大都穿长衫。而且随着年龄变化和身体发育，长衫慢慢不合身了，大家会自己动手改装，有的将较长的长衫下摆剪下一小段，有的则找其它旧衣或碎布料，将原有的长衫两边加宽。此款"因地制宜"的服饰，一时成了因抗战而在粤北坪石办学的中山大学女学生们的应变"时装"。

当年的坪石还有一道时装风景。林莲仙先生在《缅怀黄任初师》中有这样一段描述："当时穿西装或中山装的人并不多，尤其是学者们，大家都穿着一件布长衫。为了上课时的方便，黄老师所穿着的布长衫的胸前，都钉上两个小袋子，两者分别有其特定的用途：大概是左袋用以装粉笔，右袋用以放袋表。这样，上课时不必到处找粉笔，浪费时间，阻延教学，一方面又可以准确地掌握课时，进行授课，真的是一位资深的教育工作者的典型。正因此，坪石时期的中山大学学生，大家都知道学校里有一位'孖表袋'教授，'孖表袋'竟成为黄任初教授的绰号，也为黄教授的美称。"这位黄教授就是我的祖父黄际遇，他是我国最早留学日本主攻数学的几位学者之一，后又获得美国芝加哥大学科学硕士学位。自 1910 年于日本东京高等师范学校毕业后，在 30 余年的教学生涯中，他辗转大江南北，天津、武汉、开封、青岛、广州，都留下他移馆的脚印。祖父虽有留学背景，但留下的为数不多的照片中他皆穿布长衫。林莲仙先生所述的是上世纪 40 年代初，她在坪石就读中山大学文学院时期的事情。1940 年，祖父响应学校的召唤，从香港辗转到粤北，第三次走进中山大学，任数学天文系主任。林莲仙先生后成为香港知名语言学学者，曾任香港中文大学中文系主任。

当年在坪石还有一位名为何其逊的学生。1984 年，他在《中山大学校报》发表文章《岭南才子亦名师——怀念黄际遇教授》。文中说到："我认识黄老是一九四三年抗日战争时期，那时我在坪石铁岭中大文学院中文系读三年级。讲授'骈文'的就是黄老，当时他大概六十左右，身材高大，并无老态。他爱穿一件玄色长袍，胸前缝有两个特大的口袋：左边放眼镜，右边放粉笔。据说这种独特方便的服装是他的独创。头堂课时，全班学生都笑出声来，而黄老对此却并不责怪，还是一个劲儿地在摇头晃脑、拖声咬气地吟咏汪中的《吊黄祖文》。而且还伴随着那抑扬顿挫、悠扬悦耳的潮州口音，以手击节，以脚打板，连两眼也眯缝起来，脑袋也在不断地画着圆圈。同座的李德善同学轻轻地对我说：'黄老师来教骈文，就是为了过瘾。'我听后，也为之忍俊不禁。过了一段时间，大家都习惯了黄老的教法，对他那潮州哼声也感到亲切悦耳了。居然还有些同学在学样，可是总吟不出那个韵味来。黄老上课还有一个特点，就是一律用篆文书写黑板。既写得快，又写得好，真够得上是铁划银钩了。为什么要写篆文呢？他说过：'中文系高年级学生嘛，应该学！'上黄老师的骈文课，真是如沐春风，如饮醇酒，无时无刻不享受着文学艺术的熏陶。"何其逊先生是湖南人，任高中语文教员近40年，曾是长沙市长郡中学高级教师。

这款"带袋的长衫"并非在坪石才发明的，它的历史可以追溯到上世纪20年代祖父第一次走进中大的时期，即在广州文明路时期的中山大学。同样是学生对老师的描述，1926年入读中大的潮籍学生曾建屏曾撰文《追忆黄任初先生》，说到第一次拜见老师是在中大第三宿舍三楼，后来还搬入房内侍读约半年。那时候，学生对先生的印象是这样的："任初先生只有四十二三岁光景。但看起来似乎更年青。广阔的前额，长长的面孔，高插鱼尾的两颧，精气透露的眼睛，配上又高又直的身材，穿起带袋的长衫，给人一个最初的印象，就是聪明过人和十分质朴。加上手持白团扇，一面抽雪茄，快步上下，不苟言笑，尤充分表现其学者的庄严不苟的风度，使人一见既敬而且畏。"《追忆黄任初先生》1972年发表在《暹罗澄海同乡会成立廿五周年纪念特刊》上。曾建屏先生曾在国民政府外交部任职，后居泰国，为《世界日报》总主笔。

除了学生对老师的描述，我们再看看同事间的印象。那一年，祖父任国立青岛大学理学院院长兼数学系主任，梁实秋先生任外国文学系主任兼图书馆馆长。梁实秋先生在《记黄际遇先生》一文中写到："看见《华学月刊》第六十七期周邦道先生作《黄际遇传略》，不禁忆起四十多年前和黄际遇先生在青岛大学共事四年的旧事。民国十九年（即1930年）夏，国立青岛大学正式成立，行开学礼的那一天，我和杨金甫、闻一多等走过操场步向礼堂的时候，一位先生笑容可掬的迎面而来，年约五十来岁，紫檀脸，膀大腰圆，穿的是布长衫，黑皂鞋，风神萧散。经金甫介绍，他就是我们的理学院长数学系主任黄际遇先生。先生字任初，因为他比我大十几岁，我始终称他为任初先生。他是广东澄海人，澄海属潮州府，近汕头，他说的是一口广州官话，而调门很高。他性格爽朗，而且诙谐，所以很快的就大家熟识起来了。初见面，他给我的印象很深，尤其是他的布长衫有一特色，左胸前缝有细长细长的口袋，内插一根钢笔一根铅笔。据他说，取其方便。"按推算，此文写于上世纪70年代。1949年梁实秋先生到台湾后，曾任台湾师范大学英语系教授，后兼系主任，再后又兼文学院长。

关于我祖父的布长衫，后人有不少感兴趣者，并已演变成传说流传。北京大学教授陈平原在《走近中大·序》中写道："也正因专业研究的关系，二十年代中大的辉煌，我大致了然于心；八十年代的转斩，毕竟亲身经历，不乏感性认识；六十年代的情况呢？在校念书时听过不少传闻，近年又因'陈寅恪热'而略有补充。最缺的，还是八年抗战中中大的人物与风情。因而不难想象，我对有关黄际遇教授的传说极为欣赏。……这位真正属于中大的名教授，当年在校园里定然是个大受欢迎的人物，证据是关于此公，有不少逸事流传。

祖父的布长衫　　作者：周桦

据说，黄教授连穿着都独具特色：一件玄色长衫，胸前缝有两个特大的口袋。至于口袋的用途，可就众说纷纭了：何其逊的《岭南才子亦名师》说是左边放眼镜，右边放粉笔；一九四一年版《中大向导》第三章《学府人物》则称一个放眼镜和铅笔，另一个放镖。两个传说，当然是后者更具传奇色彩。至于说哪个更真实，恐怕谁也说不清：连原作者都半信半疑，不敢略去'据说'二字。"

　　我之所以选择曾建屏、梁实秋、林莲仙、何其逊四位先生的回忆性文章，是因为他们当年都是与祖父很亲近的人，是亲眼目睹的人，而且他们的记录分属不同的年代：曾先生是 20 年代，梁先生是 30 年代，林先生、何先生是 40 年代。对此，祖父本人又是怎么说？在他的《因树山馆日记》第五册中，我翻到 1936 年 12 月 2 日的记录："今日港报有曰《探海灯》者，载予'喜穿长衣，胸前必有两小夹袋，凡刺①、笔、表、烟毕具焉'。彼所见以为异者如此而止，则彼所知我者亦如此而止。然已渐为人所识矣，殊非本意也。"

　　这件布长衫没有给我们留下实物或照片，至少我没有见过。于是，我请好友周桦先生以梁实秋先生的回忆为主，创作了一幅油画《祖父的布长衫》，这也仅是一个后人一厢情愿向祖辈致敬的方式罢了。

注释：
①刺：名刺，即名片的意思。

参考文献：
梁实秋著：《雅舍杂文》，上海人民出版社，1993 年。
陈景熙、林伦伦编著：《黄际遇先生纪念文集》，汕头大学出版社，2008 年。
黄乔生著：《鲁迅像传》，生活·读书·新知三联书店，2022 年。
黄际遇著：《因树山馆日记》第五册原稿。
吴定宇主编：《走近中大》，四川人民出版社，2000 年。

三代交情共事中 一房两住各西东
九家村 64 号

1952 年 10 月，我家从石牌搬入康乐园，住在九家村（现已拆除）的一幢平房中，这座房屋被分隔为东西两个独立单元。我家坐东门向东，坐西门向南的属詹安泰教授一家的居所，然院落是共通的。我家门前的道路是主干道，白天人来人往，较热闹。詹家门前的小道较宁静，环境很好，有些曲径通幽的味道。按《詹安泰诗词集》中的记载，他们家为中山大学西南区 64 号，我们依稀记得我家也是 64 号，照此推测，区别就是 64 号之几之分了。

詹安泰，字祝南，号无庵。是我国著名的古典文学专家，尤精于诗词的创作和研究，兼擅书法艺术。1938 年受聘任中大中文系教授。我父母亲就读于中大中文系时，他是我父母的老师，父亲当年常到其家问学。郑晓燕的《詹安泰先生年谱》中载："一九四六年，中大在石牌，雁晴师、静闻兄时时过谈，文学院钟敬文、阎宗临、朱师辙、严学宭诸教授常于晚饭后过谈品茗。丘陶常、邱世友、黄家教、汤擎民等学生晚辈也常来恭聆高论。"这时大家从石牌搬来成为邻居，都有地虽生而人却熟的感觉。

按说我家与詹家的渊源，应追溯到我祖父黄际遇。1936 年初，山东省政府借故将每月给山东大学的协款由 3 万元压为 1.5 万元，给学校带来很大困难。祖父时任学校文理学院院长，对此极感失望，决定离开青岛。在张云、何衍璿、邹鲁的协助下，于 2 月回到广州中山大学。是时邹鲁有让他多些关心广东通志馆的意思，文学院院长范锜、中文系主任古直、龙榆生力争他到中文系任教。然祖父从山大回中大的过程中，理学院何衍璿、张云、刘俊贤等出力不少，因此不便表态。经协商，最终祖父编制属数学天文系，在理、工学院授"微分几何学""连续群论"二课，在中文系授"骈文研究""说文研究"二课。为此，龙榆生曾对何衍璿有微言："数学系敚去其文学系教授一人"。

当时祖父住在中大石牌教工宿舍。每天晚饭后，有十多位同住宿舍的青年教工，如李雁晴、王越、萧锡三、张作人、林本侨、黄海章等，均喜欢找上祖父，聚集在一起，或散步聊天，或交流观点，包括对历史上的文艺家、文艺作品、文艺思潮、文艺运动等文艺现象进行探讨、分析和评价。其中特别要提的是黄海章，他当时虽然还是青年讲师，然已知识渊博、见识不凡。他是中国古典文学著名学者，尤精于《文心雕龙》研究，极合祖父的兴趣，时祖父对他也是赞誉有加。至 1980 年代，王越（士略）、黄海章（挽波）、饶宗颐（选堂，时任中大广东通志馆纂修）提及往事仍然兴致勃勃。1937年"七七事变"后，日本大举进攻中国。1938年9月，中山大学西迁至云南澄江。古直、黄海章等避难梅县，祖父避难香港。

1940年9月，中大由云南澄江迁往粤北坪石，祖父重回中大。詹安泰已于1938年受聘任中大中文系教授。黄海章教授和詹安泰教授交情深厚。1940年，詹安泰教授曾向学校当局推介黄海章重回中文系任教，未能如愿。后于1941年秋，黄海章经祖父介绍，重回中山大学任教。

詹安泰教授不单与祖父有往来，与我外公龙思鹤也有雅集。詹安泰教授《无盦词·卷四》中的《台城路·龙思鹤丈属题璇玑图，图为管仲姬书，仇十洲绘》载：

十年望断关山路，情伤去人归未。瞥眼春空，摇风影瘦，几度斜阳红腻。机丝自理。又古月窥帘，坠欢扶起。百结迴文，串将心愿绵纹细。

相逢更谁与问，惊魂零落处，痕染纤指。艳劫长留，奇情不老，千古梦萦佳丽。荒天万里。祇一幅生绡，客愁能洗。定有幽灵，试呼图画里。

1945年祖父殁，时任中大校长张云委托张作人、李雁晴、詹安泰三教授主持编纂《黄任初先生文抄》，后李雁晴离粤（詹在广东大学读书时，李是詹的老师），《文抄》由詹安泰、张作人于1949年完成并出版，列为中山大学丛书之一。《文抄》有二序，分别由张云、詹安泰执笔。1946年10月，詹安泰前往广州白云山潮州义庄拜祭祖父灵柩，填词《庆春宫·白云山潮州义庄拜黄任初际遇灵柩时丙戌九月》一阕，以寄哀思。

1949年，詹安泰长子詹伯慧考入中山大学文学院语言学系，1953年从中大毕业后到武汉大学中文系任教。詹伯慧与我父亲可说是师出同门，因此，他们的关系不但更加密切，而且与语言学界的朋友陈世民、陈章太、许宝华、施文涛、张盛裕、王福堂、李如龙等合作，共同在汉语方言及方言调查方面做出了贡献。

我家与詹家专业同一，既有渊源，又是邻居。詹家的孩子好些和我们姊妹年龄相仿，两家人从父辈到儿女是各交各的。我们姊妹称呼詹安泰夫妇为詹伯伯、詹伯母，称其长子为慧哥，次子为昌哥，长女为明姐，其他年龄相仿的均称小名。但与詹安泰同辈的黄海章、方孝岳，我们均称为黄公公、方公公，称呼比詹伯慧年龄还小的李新魁为李叔叔。这多少有些特别，或者是两家较近的缘故。由于祖父的关系，在1950年代我家与中大很多老教授的一些往来，我感觉存在三个层面，如对陈寅恪（陈长兄师曾与我祖父为早年游学日本的同学）、罗文柏（罗及其兄长罗文干与我祖父有深交）等，属后辈对长辈问候，是敬礼式的；对黄海章、方孝岳、冼玉清等，是问候外加学术探讨；而与詹家除上述两层外，更多的是普通日常交往。那时，我家厨房的窗户正对詹家的天井，两家人做饭时常有隔窗聊天的习惯。去年詹伯母去世，在拜祭时我们见到詹家几代在场，恍然发现曾经的九家村64号，匆匆已有60多年，屈指一算，两家相识相知也在80年上下了。几十年的沧海桑田，然两家的交情一直延续到今天。

祖父与父亲留下一些书籍及文稿，多是论数学、语言学等较专业的东西，由于我们兄妹于此无爱好，因此一直束之高阁以待来者。最近随手翻了翻，却发现除专业论述外，还有很多具有历史意义，甚至具有历史唯一性的资料。这些都使我们改变了对这堆遗物的单一看法，并考虑着手进行整理。然卷帙浩繁，文字又多为手写，耕耘与收获不一定有必然联系，尽力而已。

三代交情共事中，一房两住各西东。
投荒粤北祈无恙，落户康园喜洽同。
武广音书怜意气，京畿寄语诉飘蓬。
尊前谈笑人依旧，轻拭遗篇别样红。

写于 2013 年 5 月

1956 年赴京出席学术会议期间，詹安泰（中）、黄家教（右）、詹伯慧（左）在天坛公园的合影

参考文献：

黄际遇：《万年山中日记》、《因树山馆日记》原稿。

詹安泰：《鹪鹩巢诗 无盦词》。

《黄任初先生文抄·序》，民国三十八年八月（1949 年 8 月），国立中山大学出版组发行。

黄海章：《黄际遇先生文集·序》，《中山大学学报》1990 年 1 期。

詹伯慧、李如龙、黄家教、许宝华：《汉语方言及方言调查》，第一版于 1991 年由湖北教育出版社出版，第二版于 2001 年由湖北教育出版社出版。

张谷、王缉国：《王力传》，广西教育出版社，1992 年。

林伦伦：《登临恨不高千仞——记潮籍著名语言学家黄家教教授》，《韩山师专学报》1993 年第 4 期。

黄家教：《语言论集》，广东人民出版社，1996 年。

饶宗颐：《学艺双携》，香港国际创价学会出版（香港），2002 年。

詹安泰：《詹安泰诗词集》，翰墨轩出版有限公司（香港），2002 年。

中山大学中文系：《继往开来八十年》，2004 年。

张友余：《黄际遇先生纪念文集·黄际遇传》，汕头大学出版社，2008 年。

陈景熙：《黄际遇先生纪念文集·黄际遇先生年谱简编》，汕头大学出版社，2008 年。

忆父亲黄家教

　　父亲黄家教，广东澄海县人，1921年8月25日，诞生于湖北省武汉市（时我祖父黄际遇任武昌高等师范学堂数理部主任）。1927年，蒙学于澄海黄氏家塾。塾师黄云溪，早年治《说文》之学，书法雅好孙过庭《书谱》。戊戌（1898年）张百熙先生督学粤东时，与我祖父并拔初试，只可惜复榜落第。祖父说他"名场偃蹇，秀而不实"。清廷废除科举后，坎坷终其身。祖父又认为他"治学不陋，博而不疏，达而得要"。乃聘其馆于黄氏，令群从学。并要求其在教学上无吝斧斤。如此看来，我父亲要打好深厚的中国历史文化知识的基础，皮肉之苦不会少受。父亲书法始学以乌黑、方正、光洁等为特点的馆阁体，继学颜柳，后再融会孙过庭、苏轼、黄庭坚等名家的创作风格。十一岁时已竟《唐诗三百首》《赋学正鹄》等知其格式矣，后开始学习骈体文，读屈平《卜居》、陶潜《归去来辞》、孔珪《北山移文》、骆宾王《讨武曌檄》、杜牧《阿房宫赋》、李华《吊古战场文》、韩愈《进学解》及《祭田横墓文》、王禹偁《待漏院记》、汪中《自序》等篇。

　　1930年，父亲于澄海小学读书。1934年在澄海中学读初中，1938年7月初中毕业。1938年9月至1940年，到汕头礐石中学读书。1940年9月，到上海复旦中学读高中。高中毕业后，于1943年在乐昌坪石考入中山大学文学院中文系（我祖父已于1940年重回中山大学，任数天系主任），当时父亲宁可被减分也耻于出示沦陷区的高中毕业文凭。父亲之所以选择文科，其实较大的因素源自我祖父的期盼。祖父的专业是天文数学，然其文理双修，在多所大学均兼任中文系教授，授《骈文研究》《说文研究》等。和大多数中国人一样，祖父极为期盼子女中能有继承文、理者。我大伯于1932年考入国立青岛大学（现山东大学）数学系。1935年，我二伯高中毕业，祖父希望他考中文系，但二伯个人兴趣是艺术，为此二人曾有过一些不愉快，然最终还是祖父妥协，二伯也顺利考入国立杭州艺术专科学校（现中国美术学院）。因此，我父亲报读中文系，便多少具有肩负家族期待的意味（我母亲龙婉芸也是同期考入中大中文系）。坪石时期，文学院新生不分系上课。当时在中文系上课的老师有教古文字的李雁晴和吴三立、教宋词的詹安泰、教文学批评的黄海章、教现代文学的徐中玉、教民间文学的钟敬文。

　　1944年底，日军先后攻占了韶关、乐昌，学校通告紧急疏散，校本部的通知上写明了：医学院、文学院迁往梅县，理学院迁往连县。由于是紧急疏散，学校没有统一的组织，很多东西如衣服、箱子等，大家都来不及拿，即使想拿也拿不动。我父母与几个相熟的外系同学自发组织起来一起行动。经江西三南转回广东和平，历时四十多天到达老隆，在一个小客栈找到中大接待站。

1945年8月抗战胜利。1946年初，中山大学迁回广州石牌校址上课。1946年夏，王力途经广州，中山大学校长秘书孔德，原是王力在清华国学研究院的同学，约请王力为文学院的学生做了一次学术报告，谈论新诗的问题，很受欢迎。于是孔德向时任中大校长王星拱推荐王力担任文学院院长。王力写信征得清华大学中文系主任朱自清的同意后，留在了广州，并在王星拱校长答应他提出的在中大设立语言学系的要求后，正式出任中大文学院院长。1946年秋，经教育部批准，全国第一个语言学系在中大成立。王力特请他的老朋友、语言学家岑麒祥出任系主任，并延聘商承祚、吴三立、严学宭、周达甫、张为纲、陈必恒等为专任教师，还从昆明约来青年讲师吴宏聪任文学院秘书，北大文科研究所毕业的研究生王均任语言学系助教兼系秘书。当时，从中文系抽调学生转到中国语言学系学习，完成了三年学业的宋长栋、杜钦荣、黄家教、龙婉芸转到语言学系读四年级，这样他们四人就成了语言学系的第一届毕业生。

1947年，父亲于中山大学语言学系本科毕业后，到两广监察使署任干事两个月。1947年10月，考入中山大学文科研究所进一步深造。是年入读研究生的只有我父亲与钱淞生两人，导师是王力、商承祚。（钱淞生，1923年生，浙江嵊县人。1947年圣约翰大学哲学系毕业，1949年中山大学文科研究所毕业，硕士，师从王力。毕业后即在岭南大学与王力共同研究汉语方言、少数民族语言及历史比较法等。曾在中山大学、杭州大学、浙江工业大学等校任教。）

20世纪80年代，钱淞生伯伯（左一）来访我家时与父母亲的合影

1949 年 7 月，父亲于中山大学中国语言文学研究所毕业，获硕士学位。8 月，受聘为中山大学文学院讲师。1950 年 1 月，入读南方大学第四部，成为南大第一期学生。南方大学，是华南解放后为解决干部不足问题，由叶剑英、陈唯实、罗明等筹建，是革命大学性质的文科大学，任务是为华南解放区培养革命的知识分子和文教、财经、政权建设等战线的革命干部。1950 年 2 月 1 日，南方大学举行开学典礼。南大的修业年限，原定一年至二年，但第一届学生学习了七个月，其中到兴宁县参加土改试点的多学一个月，便毕业了。这是因为广东和华南地区的形势发展很快，在农村开展土地改革，在城市进行民主改革，以及各地加强人民政权建设、经济建设和文教建设，都需要大量的革命干部和专业人才。虽然南大第一届学生为了服从革命需要，奉命提前毕业，但是教学总时数还是很多的。因为在南大这个"革命大熔炉"里，教学就是一场战斗，从早到晚一天十一二个小时，都在紧张地进行。既没有寒暑假，甚至连周末和节假日都用来进行教学活动。父亲到兴宁参加土改后由南大毕业（毕业证书署 1950 年 8 月），分配回到中山大学。父亲在南方大学学习期间，因没有收入，母亲只好带着我大姐和未满月的二姐到香港投靠外公和大舅父。

父亲在国立中山大学文学院中国语言文学研究所硕士论文的封面

1950 年 9 月 19 日，父亲被中大聘为校车管理委员会副经理，1952 年 2 月又兼聘为总务处秘书。1952 年院校调整，中山大学由石牌搬到康乐园。1953 年 9 月，中山大学筹备委员会聘父亲为总务处秘书兼庶务科科长，筹委会主任委员为许崇清，副主任委员为冯乃超、陈序经。1955 年，副校长陈序经亲自到我家动员我父母归队，并希望我母亲回中文系正在筹建的语言学资料室工作（之前母亲曾在中大托儿所、幼儿园与中大附小任老师），父母表示服从学校安排。于是，父母同时回到中文系工作。

我自小就习惯了父亲经常出差，或进修、或讲课、或作方言调查。当他刚回中文系时，学校即派他到中央民族学院民族语文系研究班进修一年，同行者有四川大学张永言、厦门大学陈世民。按原计划，我父亲的进修方向为汉语史，但到北京后接校方通知改为方言学，导师是中央民族学院语言学顾问、苏联汉学家格·谢尔久琴柯。在京期间，他还经常到北京大学听王力讲课。中央民族大学藏学院教授、藏学家、民族史学家王尧在《我与西藏学》中回忆："当时，我与四川大学的张永言兄、中山大学的黄家教兄、厦门大学的陈世民兄四人组成一个助教听课小组，按时在北京大学文史楼中文系随堂听讲。了一先生（王力）当时在讲'汉语史'，每每在课后亲切地和我们交谈，让我们提意见。假若没有记错的话，当时还有许绍早先生、石安石先生与我们同堂。"

20 世纪 80 年代，父亲与四川大学中文系教授张永言（右）的合影

1988年5月，父亲与中大中文系教授李新魁（左一）、曾宪通（右一）和中央民族学院教授王尧（右二）的合影

1966年，父亲与邓少君（右一）、赖江基（左一）在江西

　　1957年，兰州大学请求中大支援其汉语教学，学校派我父亲到兰大开"现代汉语"课，为时一年，其时任兰大校长的辛树帜曾是祖父的学生。由于兰州冬季的寒冷非广州可比，父亲衣服单薄，幸被曾是祖父的学生、兰大中文系主任舒连景察觉，借出毛皮大衣，才让我父亲安然地度过了西北的严冬。

　　1960年，海南师范专科学校（现海南师范大学）致函中山大学，点名请求中大派我父亲支援讲"现代汉语""语言学概论"两门课。于是父亲根据学校的安排，前往海南授课一年。快结束时碰上传染病流行，学校200多名师生染上阿美巴痢疾。当年学校医疗条件较差，200多名师生被隔离在一个大棚里，只有一个护士照料。父亲也不幸感染上了，每天拉肚子30多次，但学校对他十分关怀，指定了一位同学专门照料。父亲坚持上完最后一课，便裹着衣服做的尿布乘飞机回广州并直接送往红会医院。

1960年代，父亲受方孝岳委托，带领他的古音韵学研究生赖江基和邓少君到江西等地调查客家方言。1966年到达江西时，"文革"开始了，立即被召回学校参加运动。

与我父亲有较密切来往的语言学界朋友很多，在他作为通讯录的小本子上留下了密密麻麻的记录。李如龙在《我与汉语方言》中对此亦有回忆："到1963年暑假，《概况》讨论稿印好后，我们邀请了全国重点大学开设汉语方言学课程的老师来讨论这部稿子。大家对福建方言普查多所肯定，这就给了我们很大鼓舞。参加这次讨论的先生有黄家教、詹伯慧、陈章太、施文涛、许宝华、张盛裕、王福堂等，后来大家都成了好朋友。"1980年代，父亲与詹伯慧、李如龙、许宝华就多次在一起琢磨合作编写一本汉语方言及方言调查的教材。1983年初夏，他们一起讨论制订了此书的纲目（初稿），并且定了分工及编写的计划。1985年，他们又同时接受了撰写《中国大百科全书·语言文字卷》中部分汉语方言条目的任务，于是便把这两项工作结合起来，修改了一些已经写出的初稿，使这本教材的立论和取材尽可能和大百科全书中相关的方言条目一致。此书第一版于1991年由湖北教育出版社出版，经多次印刷后，第二版于2001年出版。

在我的印象中，父亲颜值高，朋友多。系里的老师和学生，护养院的医生和护士，学校的工友与门卫等等，甚至我们兄弟姊妹的同学都能与之交谈，他语言风趣幽默，深得大家的尊敬，逢年过节还有些工友拉父亲到他们家吃狗肉呢！在总务处工作期间，父亲常常骑着一辆岭南大学留下来的进口红色自行车，很轻便，无链间，刹车装置不是现在常见的手刹而是脚刹。许多人都觉得用不惯，我父亲却驾轻就熟，有空就骑着全校巡视。附近一些企图偷摘校园花果的村民，一见红色自行车便四处逃窜。父亲需处理的事务大多很急，如火灾、水灾等，甚至生孩子的都找上门来，即便是在家吃饭时，也经常是电话铃声不断。过去北校门地势偏低，每年汛期珠江水都会漫入校园，常常还要组织人力垒沙包堵水，当年抢险的情景仍历历在目。

1963年8月12—17日，出席厦门大学举办的福建省汉语方言科学讨论会。前排右起许宝华、陈章太、詹伯慧、陈世民、黄家教；后排右起李如龙、王福堂、张盛裕、施文涛。他们自称方言学九兄弟，父亲因年龄最长，被称为老大

1982年8月17—19日，出席在北京科学会堂举行的第十五届国际汉藏语言学会议期间，在北京友谊宾馆庭院合影。左起：李如龙、王福堂、张盛裕、许宝华、陈章太、詹伯慧、黄家教

1994年5月，参加暨南大学现代汉语博士论文答辩会后，在中山大学康乐园餐厅前合影。左起：黄家教、詹伯慧、陈章太、许宝华、张盛裕、王福堂、李如龙

方言学九兄弟的三次聚会

1971 年，我被分配到广州市第五汽车修理厂当学徒，进厂第一天下班回家，一出厂门口，就有一位老师傅追上来问我："你老窦系唔系黄家教？生得好似啵！（你父亲是黄家教吗？长得很像呀！）"真有那么像吗？这样都被认出来。原来老师傅姓陈，曾在康乐园边上开档口修单车，公私合营时被归入第五汽车修理厂的前身贸南机器厂工作。父亲任中大总务处秘书时，时常与他们打交道。陈师傅对父亲印象极好，称父亲不摆架子，办事有理。在一个新环境中竟然认出十多二十年不见的朋友的女儿，可谓印象之深，溢于言表。

在家中，爸爸既是慈父亦是严师，对我们的学业要求严格的同时，又带我们打乒乓球、羽毛球、游泳、骑车、做游戏、串门等等，其中的趣闻，在每次家庭聚会中都会数出一大堆。但是，我们对父亲的工作、教学与学术研究从未有过较为清晰的了解，父亲也从未主动讲给我们听。如今，我们也已步入老年，为了编辑这本纪念册，才补上这一课，或许来得有点晚，然而总算无愧，亦无憾。

以《继往开来八十年·中山大学中文系建系八十周年》中的一小段作本文结束语："黄家教（1921—1998），现代方言学家。广东省澄海市人，1943 年考入中山大学文学院，1947 年毕业后进一步深造，获文学硕士学位。而后，留中山大学中文系任教，投身语言教学和研究，历任助教、讲师、副教授、教授，凡四十多年，为中国教育事业和语言研究贡献了毕生精力。"

写于 2016 年 10 月

注：2016 年父亲辞世 19 周年，诞辰 96 周年，姊妹四人收集了父亲的照片，手稿等，编辑了一册纪念图文集。除了自家亲人收藏外还赠与中山大学档案馆、广东省档案馆。上文就是为此集撰写的。

孤山寺北贾亭西　水面初平云脚低
几处早莺争暖树　谁家新燕啄春泥
乱花渐欲迷人眼　浅草才能没马蹄
最爱湖东行不足　绿杨阴里白沙堤

甲子秋游庐山归来书白居易钱塘湖春行　芊女存览　晓天

父亲晚年曾承诺为四个孩子各留墨宝一幅，却因突然而至的一场病未能如愿，仅完成大女儿黄小芊的一幅

1956年，父母亲与我们四姊妹在怀士堂（小礼堂）前合影

父母亲与他们的恩师和师母

2020年5月中，中大档案馆的张建奇老师在一次会议中，看到一份档案，竟是我父亲黄家教1949年在国立中山大学文学院中国语言文学研究所的硕士论文，便立即拍照，从微信上将照片发我。内页我看到多个名字的印章，他们都是父母亲的恩师：严学窘、王力、商承祚、容庚。父母亲非常敬重他们的恩师与师母，学业和生活中的点滴恩德都念念不忘。父母的专业我没能继承，而他们的师生情谊却深深影响着我们。仅以此文记下两件线索较为清晰的事例。

同游端州

1980年11月，父亲恩师王力先生和师母应邀到广州参加中山大学校庆活动后，父亲与吴宏聪伯伯奉陪游览肇庆七星岩。

中间为王力先生与夫人夏蔚霞，左边为我的父亲黄家教，右边为中山大学中文系教授吴宏聪

王力先生赋诗一首，以志游兴。诗云：

宿愿名山汗漫游，寻幽访胜到端州。

桂林峰嶂西湖水，岩外摩崖洞内舟。

景物流连思悄悄，湖山俯仰念悠悠。

登临恨不高千仞，南国风光眼底收。

王力先生与父亲都曾书此诗。

王力先生书　　　　　　黄家教书（落款"畴夫"）　　　　肇庆七星岩玉屏峰崖壁之上的王力诗句，
2021 年 2 月 27 日拍摄

1982 年 2 月，王力先生给我父亲来信："听说我在庆云寺写的"鄉雲獻瑞"四字區额，已经做好挂上，我游七星岩的诗也已刻碑，竖立在玉屏岩上。"

另外还在我父亲提问的纸条上亲笔答复："原文是密遮山。鼎湖山上树林茂密，把整个山遮盖住了。这是鼎湖山的最大特色。"

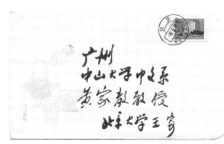

王力先生写给父亲的信

1990 年，为纪念恩师王力先生九十寿辰，我父亲撰文《愧对良师》刊发在《中国语文通讯》，文章结尾的其中一段载："对七星岩洞内有渠可以荡舟的景色先生非常喜欢。先生心怀豁达，乐于听别人的意见，即使学生后辈的浅见，也尽量择优吸取，并鼓励学生不要墨守师说。先生认为，'如果墨守师说，学术就没有发展了。'这跟那一味叫嚷'听话'，稍有偏离就大喊'逆师'的态度，相去甚远了。先生早期出版的《中国音韵学》，当广州音系有介音处理。一九六四年我写了《广州话无介音说》一文，寄请先生审阅，先生表示同意广州话无介音之说。同游肇庆时，先生又一次表述此意。先生在近年出版的《汉语语音史》和《汉语语音的系统性及其发展规律》，都改变了前说，再次申明广州话无介音。先生的风范像桂林峰嶂那样挺拔，先生的心像西湖的水那样平和，先生的气量之大，好比内可荡舟的岩崖巨洞。先生是一代宗师，学贯中西，世人共仰，但先生仍常以不懂数理化为憾事。这正是'登临恨不高千仞'的气概。先生著述达一千万言，八十高龄时仍抱'还将余勇写千篇'的宏愿。先生博学雄才，著述终身而永不知足。后学如何随后乎？吾愧对良师！"

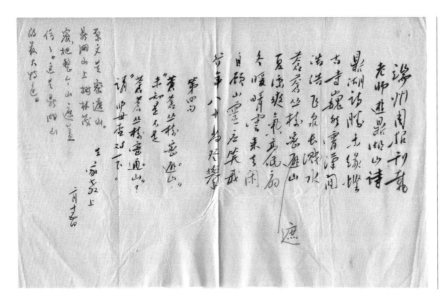

父亲写给王力先生的信

1980年11月，王力先生应邀参加中山大学校庆活动，在大礼堂作专题报告后与中文系教师等人合影

前排左起：龙婉芸、吴宏聪、商承祚、王力、潘允中、高华年、王宗炎；二排左起：陈必胜、饶鸿竞、黄家教、连珍、邱世友、陈必恒；三排左起：罗伟豪、缪锦安、冯志白、刘烈茂、傅雨贤

一幅结婚纪念照

　　我父亲撰写《愧对良师》一文的开头是这样的："一九八〇年十月，我到武汉参加全国语言学会成立大会，见到了敬爱的老师了一先生。十年久别，如今重逢，倍感亲切。学术界、教育界的前辈，经历那焚琴煮鹤的年代，轻则弦断羽折，重则琴毁鹤亡。先生备受折磨，大家都关心他的健康。拜见先生时，他却不多谈'浩劫'期间的遭遇，反而乐于问我学业的进展和今后的打算，我深感不安。我说：'愧对良师！'

　　师母插说：'文革'期间被抄家没收的东西有部分送回来了，其中一张是你们的婚照，估计你们未能保存下来，准备寄还给你们留作纪念。我和大学同学龙婉芸结婚，先生是我们的证婚人。在婚礼中我们一起照了相。不多久师母就把照片寄来了。这份'礼物'非同寻常，它包含有多么深的情谊！

　　我和龙婉芸都是先生四十年代在中山大学创办的语言学系第一届毕业生。后来我在中山大学文科研究所当研究生时，先生是这个研究所的主任，曾主持我的硕士论文答辩。先生执教南粤，历时八年，教泽流长。"

　　父母自己的这幅结婚纪念照确实丢失在"文革"期间，而赠送给恩师与师母的那一幅在兜兜转转的十几年后，被保存并幸存下来，来之不易，更为珍贵。

　　结婚纪念照于 1947 年拍摄于广州万福路基督教救主堂副堂门前。后排右起的两位长者是我的外婆刘兆琼、外公龙思鹤；后排左起是我的四叔黄家枢、大伯黄家器；父亲左后方前后两人分别是证婚人恩师王力与岑麒祥先生；后排中间的是救主堂的婚礼主持人。现在照片中除母亲已届九十七高龄外，其他老辈均已仙逝。长辈们文章风范，卓尔不群，追理人琴，益伤苜蓿。

写于 2020 年 8 月 10 日

父母亲赠送给恩师王力的结婚纪念照

2013年10月19日，母亲90岁生日那天，学生们将她与父亲的结婚纪念照原作放大精裱，并作为生日礼物送给既是他们老师又是师母的我的母亲

1947年夏，中山大学文学院语言学系第一届毕业生合影。中间为我的父亲黄家教、母亲龙婉芸，左边为宋长栋，后任教于中山大学历史系；右边为杜钦荣，毕业后去了广西。2017年1月28日（大年初一），我与母亲回到当年的文学院大楼，在原来拍毕业合影的位置留影，两张照片相距70年

后　记

为宣传和弘扬中大校园文化，挖掘和传承中大优秀精神，近几年来，中山大学档案馆充分利用档案馆藏的资源优势，寻求对校史档案的深度开发，展开了多方位的档案编研工作，旨在服务于学校的立德树人根本任务。

在持续多年的校史实物征集过程中，档案馆得到广大校友的支持，每年均取得不少能佐证校史的实体档案。在这当中，有一个校友家族所捐献的实物档案，其中的日记、手迹、资料原件，以及其后人撰写的文稿，引起了我们的注意，这就是黄际遇教授家族及其所捐赠实物档案、追述历史的文稿。经审阅，我们认为，这些史料档案拓展了大家对校史认知的视角，见证了校史的某些重要事件，丰富了校史研究的节点，对学校学生传承中大文化精神有着积极的意义，遂组织编印成书，供师生研究阅读之用。同时，也是作为庆贺百年校庆的献礼，为百年校庆活动贡献档案工作者传承家国记忆的兰台力量。

前几年，黄小安女士将其祖父黄际遇教授的日记整理、校点之后，由中山大学出版社出版《黄际遇日记类编》（共七册），形式与内容都非常的规范与正统，从学术角度还原了黄际遇教授的形象；但从另一个方面看，似乎又欠缺点什么。一个偶然的机会，黄小安女士深入接触和了解了中大红楼，也因参加一个盛会而参观了黄际遇教授当年任职青岛某大学时的故居，萌发了通过追寻其祖父的足迹，印证黄际遇教授在日记中所陈述人与事的细节的想法。而这一做法，也恰巧弥补了学界知之甚少的黄际遇教授工作和生活中颇有灵性的一面。

黄际遇教授在20世纪三四十年代间，在我国多所知名大学任职任教，三进中山大学，对高等教育的贡献，对我校历史，乃至我国近代教育史来讲，都是不可或缺的人物。黄小安女士在《屋檐下往事》一书中，用第一人称的写作方式，以不为人熟知的工作生活故事，向人们展示了黄际遇教授的另一个形象，与日记类编形成互补。

2021年，在本书编印成书过程中，中山大学档案馆姚明基原副馆长、吕炳庚老师进行了多次的校点勘误，修改、增补了不少校史材料，丰富了全书内容；周纯馆长审读了全书，并对本书的出版给予了指导与支持。2022年，吕炳庚老师负责本书出版的立项申报工作，本书的出版工作得到了学校党委办公室的支持，并获得学校文化传承创新重点项目经费资助；中山大学出版社对本书的出版给予了鼎力支持。在此对以上单位和个人表示衷心感谢。

由于我们的水平有限，书中差错难免，敬请读者批评指正，特致谢忱。

中山大学档案馆

2023 年 9 月 1 日

博學　審問　慎思　明辨　篤行

中華民國十三年十一月

孫文